BESTACTIVITYBOOKS.COM

PREMIERE ÉDITION

Dépôt légal, 2022

Illustration Graphique Extra: www.freepik.com
Merci à Alekksall, Starline, Pch.vector, Rawpixel.com, Vectorpocket, Dgim-studio, Upklyak, Macrovector, Stockgiu, Pikisuperstar & Freepik.com Designers

5 ASTUCES POUR DÉMARRER !

1) COMMENT RÉSOUDRE LES MOTS MÊLÉS

Les puzzles sont dans un format classique :

- Les mots sont cachés sans espaces, tirets, ...
- Orientation : Les mots peuvent être écrits en avant, en arrière, vers le haut, vers le bas ou en diagonale (ils peuvent être inversés).
- Les mots peuvent se chevaucher ou se croiser.

2) UN APPRENTISSAGE ACTIF

Un espace est prévu à côté de chaque mots pour noter la traduction. Pour favoriser un apprentissage actif un **DICTIONNAIRE** à la fin de cette édition vous permettra de vérifier et étendre vos connaissances. Cherchez et notez les traductions, trouvez-les dans le Puzzle et ajoutez-les à votre vocabulaire !

3) MARQUEZ LES MOTS

Vous pouvez inventer votre propre système de marquage. Peut-être en utilisez-vous déjà un ? Sinon, vous pourriez, par exemple, marquer les mots qui ont été difficiles à trouver d'une croix, ceux que vous avez aimés d'une étoile, les mots nouveaux d'un triangle, les mots rares d'un diamant, etc...

4) STRUCTUREZ VOTRE APPRENTISSAGE

Cette édition vous offre un **CARNET DE NOTES** très pratique à la fin du livre. En vacances ou en voyage ou à la maison, vous pouvez facilement organiser vos nouvelles connaissances sans avoir besoin d'un second bloc-notes !

5) VOUS AVEZ FINI TOUTES LES GRILLES ?

Allez à la section bonus **CHALLENGE FINAL** pour trouver un jeu gratuit à la fin de cette édition !

Simple et Rapide ! Découvrez notre collection de livres d'activités pour votre prochain moment de détente et **d'apprentissage**, à juste un clic de distance !

Trouvez votre prochain défi sur :

BestActivityBooks.com/MonProchainLivre

À vos marques, prêts... Partez !

Saviez-vous qu'il existe environ 7 000 langues différentes dans le monde ? Les mots sont précieux.

Nous aimons les langues et avons travaillé dur pour créer les livres de la plus haute qualité pour vous. Nos ingrédients ?

Une sélection des thématiques d'apprentissage adaptée, trois belles parts de divertissement, puis nous ajoutons une cuillère de mots difficiles et une pincée de mots rares. Nous les servons avec soin et un maximum de plaisir pour vous permettre de résoudre les meilleurs jeux de mots mêlés qui soient et d'apprendre en vous amusant !

Votre avis est essentiel. Vous pouvez participer activement au succès de ce livre en nous laissant un commentaire. Nous aimerions vraiment savoir ce que vous avez préféré dans cette édition !

Voici un lien rapide qui vous mènera à la page d'évaluation de vos commandes :

BestBooksActivity.com/Avis50

Merci pour votre aide et amusez-vous bien !

De la part de toute l'équipe

1 - Adjectifs #2

P	X	P	I	Y	L	S	E	U	J	I	R	K	I	P	W
A	Ë	J	I	F	Z	W	B	D	D	N	K	K	H	J	S
U	T	R	X	R	O	N	E	K	I	T	A	M	A	R	D
T	A	Ë	G	B	I	R	I	J	M	E	L	Ë	T	A	A
E	H	T	I	J	S	I	T	T	P	R	I	H	Ë	N	Q
N	T	S	L	M	E	Q	X	Ë	Q	E	S	S	T	E	D
T	X	A	X	E	U	G	N	X	M	S	H	M	A	R	Q
I	E	P	K	V	R	H	J	E	Ë	A	Ë	A	L	K	C
K	L	I	C	I	K	M	N	Ë	H	N	N	F	E	B	C
E	E	W	F	T	H	I	W	K	S	T	D	I	N	O	O
O	G	W	I	K	S	E	I	B	I	E	E	H	T	V	S
G	A	S	R	U	R	G	M	O	Q	X	T	Y	U	F	R
S	N	Z	T	D	Ë	Ë	K	A	U	H	S	K	A	Y	X
M	T	N	Q	O	P	R	F	P	F	N	H	I	R	X	V
D	E	R	O	R	Y	T	A	N	I	J	Ë	E	C	X	B
E	K	R	I	P	U	R	A	B	Q	L	M	W	U	T	K

AUTENTIKE
I FAMSHËM
KRIJUES
PËRSHKRUES
TË TALENTUAR
DRAMATIKE
ELEGANTE
KRENAR
I FORTË
INTERESANTE

NATYRORE
I RI
PRODUKTIVE
I FUQISHËM
I PASTËR
PËRGJEGJËS
I SHËNDETSHËM
E KRIPUR
I EGËR
THATË

2 - Formes

D	F	K	M	T	I	E	N	E	N	A	H	T	Z	L	H
V	R	S	V	Y	C	S	C	L	W	B	A	R	A	H	K
J	J	E	K	D	Y	L	I	I	Q	E	R	E	C	D	T
O	G	B	J	A	I	U	A	P	H	G	K	K	I	X	B
A	E	U	N	T	J	C	B	S	P	S	R	Ë	L	Z	H
Q	L	K	E	I	K	E	P	W	H	R	N	N	I	P	D
S	H	E	S	H	I	Ë	T	I	V	O	P	D	N	O	K
U	Z	H	S	X	F	J	N	M	R	L	G	Ë	D	O	H
T	I	S	H	D	N	N	U	D	M	A	C	S	R	V	O
W	U	O	Y	O	Q	I	H	R	Ë	M	M	H	I	A	R
V	I	Q	H	M	T	L	W	U	Z	S	Q	I	C	L	R
A	N	Ë	O	Z	N	Z	D	V	I	W	H	E	D	E	E
D	Q	R	K	L	I	M	F	G	R	J	B	Z	F	A	T
O	P	E	V	R	U	K	Y	I	P	S	H	T	C	T	H
L	I	F	R	E	Y	U	H	I	P	E	R	B	O	L	A
E	O	S	P	O	L	I	G	O	N	I	V	I	L	Y	Q

HARK
SKAJET
SHESHI
RRETH
QOSHE
KURVE
KON
ANË
KUBE
CILINDRI

ELIPS
HIPERBOLA
LINJË
OVALE
POLIGONI
PRIZËM
PIRAMIDA
DREJTKËNDËSH
SFERË
TREKËNDËSH

3 - Force et Gravité

O	A	C	A	O	E	I	T	V	F	P	E	S	H	A	U
P	R	D	I	S	T	A	N	C	Ë	Ë	Y	J	T	C	S
L	D	B	G	C	K	W	H	C	P	J	R	B	S	R	F
A	N	M	I	S	K	A	W	O	D	I	B	K	Y	I	F
N	E	A	E	T	A	Q	X	B	K	X	N	P	I	G	O
E	Q	G	E	L	A	S	R	E	V	I	N	U	N	M	Z
T	R	N	J	S	H	P	E	J	T	Ë	S	I	O	F	I
E	Y	E	Z	Y	R	Q	Y	V	U	Q	X	I	I	I	Z
T	Ë	T	I	T	E	V	F	G	S	Y	M	N	S	Z	C
P	X	I	V	Z	B	U	L	I	M	I	X	Y	E	I	B
Y	V	Z	Ë	S	M	E	K	A	N	I	K	A	R	K	K
M	O	M	L	D	I	N	A	M	I	K	E	O	P	A	C
K	Q	I	Z	G	J	E	R	I	M	I	I	S	D	S	Q
M	U	E	U	W	T	S	O	R	N	Y	T	C	Q	N	J
O	W	A	L	M	G	T	Z	X	V	V	Q	G	M	W	K
J	Y	U	H	H	K	C	N	D	I	K	I	M	I	F	G

AKSI
QENDRA
ZBULIMI
DISTANCË
DINAMIKE
ZGJERIMI
FËRKIMI
NDIKIMI
MAGNETIZMI
MEKANIKA
LËVIZJE
ORBITA
FIZIKA
PLANETET
PESHA
PRESIONI
VETITË
KOHA
UNIVERSALE
SHPEJTËSI

4 - Adjectifs #1

T	N	S	C	J	N	E	E	S	Ë	Q	E	H	R	Ë	T
Z	K	S	D	T	T	D	I	V	I	T	K	A	E	K	I
A	B	S	O	L	U	T	E	O	D	F	Z	G	M	V	H
H	E	T	O	A	E	B	U	K	U	R	O	I	H	N	O
G	Z	H	X	K	R	P	Q	C	I	V	T	W	S	N	L
B	C	U	S	M	B	O	E	Z	H	Q	I	R	I	D	L
D	Z	H	K	N	B	U	M	R	N	Q	K	Z	S	E	Ë
X	L	I	Z	N	L	W	J	A	F	B	E	A	Ë	R	N
I	D	E	N	T	I	K	E	A	T	E	Z	F	D	S	G
A	M	B	I	C	I	O	Z	E	R	I	K	F	N	H	A
T	Ë	P	A	F	A	J	S	H	Ë	M	K	T	Ë	Ë	T
U	I	U	W	T	X	Y	K	D	Y	T	H	E	R	M	H
I	M	A	D	H	J	D	J	F	P	I	U	Z	E	O	Ë
Y	V	H	A	Z	S	R	U	J	E	W	B	O	T	G	T
A	R	T	I	S	T	I	K	E	M	O	D	E	R	N	E
Y	K	E	T	R	G	O	B	E	R	Ë	N	D	Ë	Q	L

ABSOLUTE
AKTIV
AMBICIOZE
AROMATIKE
ARTISTIKE
TËRHEQËSE
E BUKUR
EKZOTIKE
I MADH
BUJAR
NDERSHËM
IDENTIKE
E RËNDËSISHME
TË PAFAJSHËM
I RI
NGATHËT
E RËNDË
I HOLLË
MODERNE
PERFEKT

5 - Instruments de Musique

E	Q	T	J	Ë	N	I	L	O	D	N	A	M	Z	M	N
A	R	C	R	B	R	P	F	I	A	U	E	O	V	A	V
H	A	R	P	O	J	N	A	B	U	N	H	M	I	R	A
K	X	O	P	Z	M	T	U	V	L	Z	D	D	O	I	X
B	B	A	U	F	E	B	N	T	L	D	B	S	L	M	N
C	J	O	X	T	M	Y	O	F	E	N	E	O	I	B	I
H	K	E	B	C	U	F	F	N	G	H	Z	W	N	A	P
H	B	V	Y	O	R	T	O	L	Q	V	Z	Z	Ë	J	O
A	D	N	O	B	P	C	S	H	T	E	Z	H	E	U	R
R	J	L	G	O	V	I	K	L	A	R	I	N	E	T	Ë
M	I	K	T	E	E	U	A	Z	F	J	F	L	A	U	T
O	J	I	G	C	Y	N	S	N	Z	A	O	D	X	Z	J
N	I	T	G	H	A	H	T	D	O	D	G	F	Z	G	W
I	Q	A	V	I	O	L	O	N	Ç	E	L	E	K	O	I
K	F	R	E	Y	T	R	U	M	B	E	T	Ë	G	N	F
Ë	N	Ë	P	G	O	D	I	T	J	E	K	P	F	G	E

BANJO
FAGEG
KLARINETË
FLAUT
GONG
KITARË
HARMONIKË
HARP
OBOE
MANDOLINË

MARIMBA
GODITJE
PIANO
SAKSOFON
DAULLE
DAJRE
TROMBON
TRUMBETË
VIOLINË
VIOLONÇEL

6 - Herboristerie

Q	K	R	B	O	R	Z	I	L	O	K	P	O	Y	P	T
A	A	S	O	Ë	M	O	R	A	M	M	H	C	V	Ë	A
L	H	J	L	Z	O	N	A	D	J	A	M	J	Z	R	F
I	Z	M	M	M	M	Ë	H	S	I	B	O	D	I	B	K
D	R	A	G	U	A	A	Y	C	G	R	A	K	R	Ë	O
I	L	I	E	R	A	M	R	K	X	L	R	O	A	R	P
G	E	S	G	T	W	S	S	I	O	D	O	P	N	Ë	S
K	W	Ë	J	W	G	X	A	H	N	W	M	Ë	I	S	H
C	D	L	E	O	Y	W	O	X	Y	Ë	A	R	L	D	T
G	O	I	L	E	T	O	T	E	T	U	T	H	U	S	J
R	G	C	B	L	V	G	J	N	W	I	I	U	K	B	C
T	I	Z	Ë	P	B	T	Y	E	G	L	K	D	N	Y	I
P	I	G	R	H	L	B	N	N	L	N	E	H	R	W	U
C	M	Q	O	D	N	A	V	I	L	U	J	Ë	Q	Z	D
S	I	J	F	N	T	U	D	N	T	F	L	R	I	V	P
H	X	D	S	H	A	F	R	A	N	Q	Q	M	C	O	L

HUDHËR
AROMATIKE
I DOBISHËM
KULINARI
DRAGUA
KOPËR
LULE
PËRBËRËS
KOPSHT
LIVANDO
BORZILOK
NENEXHIK
RIGON
MAJDANOZ
CILËSIA
ROZMARINË
SHAFRAN
AROMË
TRUMZË
E GJELBËR

7 - Photographie

E	R	R	Ë	S	I	R	Ë	P	B	G	P	P	O	K	P
T	E	J	I	H	A	N	D	J	M	G	V	O	B	O	E
U	M	J	G	A	B	I	S	Ë	L	I	C	R	J	N	R
B	R	P	O	M	M	W	V	U	T	T	F	T	E	T	S
Z	N	G	J	Y	R	Ë	I	D	B	K	H	R	K	R	P
P	A	M	J	E	T	R	Z	T	K	J	E	E	T	A	E
J	S	Q	T	S	A	T	U	O	J	E	E	T	U	S	K
Y	K	L	X	K	I	V	A	W	X	K	E	K	V	T	T
N	F	M	S	V	P	E	L	S	D	M	T	Z	T	A	I
A	D	H	X	T	B	P	E	S	H	S	X	Q	E	V	V
U	P	P	S	W	A	J	R	Ë	B	R	Ë	P	P	Z	Ë
N	D	R	I	Ç	I	M	I	K	O	R	N	I	Z	A	Ë
I	P	V	K	A	M	E	R	A	Z	M	J	D	A	D	X
R	I	Q	Z	D	A	L	W	O	R	N	P	U	E	R	O
L	N	T	B	Y	M	I	Z	I	F	U	K	R	Ë	P	A
J	S	L	T	D	D	E	K	S	P	O	Z	I	T	A	S

ZBUTE
KORNIZA
KAMERA
PËRBËRJA
KONTRAST
NGJYRË
PËRKUFIZIM
EKSPOZITA
NDRIÇIMI
FORMAT

E ZEZË
OBJEKT
ERRËSIRË
HIJET
PERSPEKTIVË
PORTRET
SUBJEKT
CILËSI
VIZUALE
PAMJE

8 - Véhicules

T	Z	H	G	D	T	R	O	T	O	M	N	Y	E	V	A
R	E	E	X	I	R	K	A	J	J	D	J	Z	Y	A	E
A	Z	L	E	F	A	X	A	K	C	G	D	M	P	R	R
F	X	I	L	Z	G	H	M	R	E	J	I	N	A	K	O
T	N	K	Z	T	E	B	O	Y	V	T	H	B	A	Ë	P
D	F	O	F	J	T	D	G	G	X	A	Ë	I	M	I	L
F	C	P	Z	R	H	H	Q	Z	B	T	N	Ç	B	F	A
R	E	T	U	K	S	J	U	J	I	S	S	I	U	Q	N
F	H	E	S	Ë	T	E	D	N	Ë	N	Z	K	L	J	S
X	Y	R	T	U	M	A	K	I	N	A	O	L	A	I	F
L	C	R	V	E	B	T	A	K	S	I	T	E	N	P	D
N	Y	Y	V	D	R	O	T	K	A	R	T	T	C	O	W
K	A	M	I	O	N	R	T	T	E	B	V	Ë	A	O	V
I	R	H	V	J	K	T	G	U	J	L	L	C	M	U	N
V	P	L	L	H	B	E	U	E	A	Z	D	R	O	K	S
J	J	M	R	L	H	M	Q	L	D	A	S	A	Y	V	X

AMBULANCA
AEROPLAN
VARKË
AUTOBUS
KAMION
KARVAN
TRAGET
RAKETË
HELIKOPTER
METRO

MOTOR
ANIJE
GOMA
RAFT
SKUTER
NËNDETËSE
TAKSI
TRAKTOR
BIÇIKLETË
MAKINA

9 - Camping

Y	O	O	H	A	P	P	K	I	F	A	N	A	R	K	B
V	N	U	I	W	Y	T	Y	P	T	I	G	W	Y	A	Q
F	E	J	N	K	B	N	I	L	W	T	O	S	K	P	G
T	U	F	T	S	J	U	A	A	L	E	I	W	D	E	R
K	A	F	S	H	Ë	T	S	M	O	U	A	F	D	L	Z
E	E	Z	E	D	S	F	J	U	L	J	N	B	R	Ë	C
S	J	M	U	W	Y	S	X	J	L	G	I	X	M	I	A
N	I	U	R	G	D	C	S	H	N	L	B	H	C	L	S
I	N	I	J	X	D	A	P	A	A	H	A	R	T	Ë	U
E	E	J	S	I	J	A	P	V	N	M	K	A	N	O	E
Y	Q	O	O	A	F	R	Z	E	A	W	A	C	B	D	T
L	I	T	A	R	H	A	J	N	T	M	T	K	R	Z	Q
V	L	Y	U	C	Ë	L	A	T	Y	Ç	A	D	Ë	R	D
W	I	U	H	P	N	I	R	U	R	U	X	G	K	K	E
G	T	Q	O	Q	A	C	R	R	A	H	R	F	B	Z	N
K	M	N	R	D	G	W	M	Ë	G	D	J	Y	A	B	U

KAFSHËT
AVENTURË
BUSULL
KABINA
KANOE
HARTË
KAPELË
GJUETIA
LITAR
PAJISJE

ZJARR
PYLL
HAMAK
INSEKT
LIQENI
FANAR
HËNA
MAL
NATYRA
ÇADËR

10 - Géométrie

E	O	O	H	D	E	D	O	D	Z	T	M	Ë	J	S	S
V	F	N	A	I	K	I	R	T	E	M	I	S	T	Z	S
R	L	O	A	M	U	A	I	B	W	R	W	E	Z	C	P
U	P	P	T	E	A	M	S	P	P	F	O	J	O	E	S
K	V	N	D	N	C	E	Q	A	F	R	Ë	P	I	S	E
K	Ë	Y	B	S	I	T	I	T	M	I	K	R	R	L	G
R	Q	N	I	I	O	R	Ë	M	U	N	I	C	O	L	M
V	R	Y	D	O	N	I	R	K	D	Y	J	X	E	O	E
E	J	E	I	N	I	O	G	S	D	W	G	G	T	G	N
R	Z	R	T	I	P	R	S	G	R	M	O	G	V	A	T
T	X	A	W	H	E	W	B	G	D	K	L	L	V	R	N
I	Q	T	T	R	E	K	Ë	N	D	Ë	S	H	O	I	M
K	R	A	L	A	R	T	Ë	S	I	A	D	B	W	T	K
A	S	S	W	P	E	C	L	J	X	J	B	K	J	J	U
L	L	E	L	A	R	A	P	L	P	M	B	U	X	A	X
E	X	M	X	P	A	J	O	W	D	K	A	U	L	Z	V

KËND
LLOGARITJA
RRETH
KURVE
DIAMETRI
DIMENSIONI
EKUACIONI
LARTËSIA
LOGJIKË
MASA
MESATARE
NUMËR
PARALEL
PJESË
SEGMENT
SIPËRFAQE
SIMETRI
TEORI
TREKËNDËSH
VERTIKALE

11 - Les Médias

I	H	T	P	A	C	K	O	G	G	S	L	F	N	Y	N
T	N	O	I	Z	I	V	E	L	E	T	L	O	P	Z	V
E	O	T	U	B	S	V	M	Z	G	R	A	T	X	J	D
J	I	P	E	G	C	P	U	H	A	L	O	O	H	Q	Y
R	T	U	I	L	A	K	O	L	Z	U	T	G	F	K	V
R	E	P	F	N	E	V	L	L	E	K	O	R	Y	O	D
V	M	Y	N	A	I	K	F	Q	T	D	N	A	D	M	I
H	I	C	P	C	K	O	T	S	A	E	L	F	E	U	X
T	R	E	G	T	I	T	N	U	T	H	I	I	I	N	H
K	D	B	O	T	I	M	E	E	A	F	N	T	M	I	I
I	N	D	I	V	I	D	U	A	L	L	E	Ë	A	K	T
A	Ë	J	D	B	F	X	I	B	K	Z	E	P	Z	I	A
V	Q	D	A	I	R	T	S	U	D	N	I	M	H	M	L
V	F	M	R	V	K	C	W	V	J	D	A	Z	E	I	O
P	U	B	L	I	K	F	V	Y	S	H	E	W	T	X	Z
A	R	S	I	M	I	Q	A	Q	T	V	B	N	G	L	R

QËNDRIMET
TREGTI
KOMUNIKIMI
ONLINE
BOTIM
ARSIMI
FAKTE
IMAZHET
INDIVIDUAL
INDUSTRIA
INTELEKTUALE
GAZETAT
LOKAL
DIXHITAL
OPINION
FOTOGRAFITË
PUBLIK
RADIO
RRJETI
TELEVIZION

12 - Philanthropie

F	T	D	T	B	U	R	G	F	N	I	Z	U	S	H	R
E	Ë	I	I	Z	P	A	I	I	R	S	F	C	F	I	G
S	U	M	W	K	M	B	T	N	B	D	B	N	I	S	R
S	Y	I	I	S	S	A	E	A	I	N	I	R	D	T	G
A	G	Z	R	J	T	M	T	N	S	A	P	E	A	O	R
I	W	Ë	B	K	Ë	I	I	C	K	N	U	E	T	R	U
R	B	R	I	L	Y	R	N	A	P	P	B	I	N	I	P
Ë	U	E	D	F	M	Ë	U	O	Q	B	L	J	E	V	E
M	J	J	Z	L	P	S	M	I	I	M	I	B	V	P	T
H	A	N	G	S	C	I	O	C	S	S	K	G	O	W	U
S	R	U	G	O	U	O	K	Y	F	K	I	U	J	P	C
R	I	A	V	E	L	A	B	O	L	G	Q	M	A	T	X
E	P	W	H	Q	G	A	K	O	N	T	A	K	T	E	T
D	S	U	U	F	X	F	O	N	D	E	T	V	K	O	E
N	J	E	R	Ë	Z	I	T	E	M	A	R	G	O	R	P
H	G	C	P	Q	I	G	S	F	W	C	I	F	E	N	T

NEVOJA
GOLA
BAMIRËSI
KOMUNITETI
KONTAKTET
SFIDAT
FËMIJË
FINANCA
FONDET
NJERËZIT
BUJARI
GLOBALE
GRUPET
HISTORI
NDERSHMËRIA
NJERËZIMI
RINIA
MISIONI
PROGRAMET
PUBLIK

13 - Diplomatie

D	A	K	O	M	U	N	I	T	E	T	I	I	D	S	T
G	I	M	I	N	U	P	Ë	K	H	S	A	B	I	S	U
P	S	S	B	W	B	E	P	R	Q	S	P	T	P	I	Z
E	Ë	G	K	A	B	I	T	X	E	U	O	R	L	G	F
T	T	E	T	U	S	Y	S	R	M	O	L	A	O	U	K
K	J	A	Ë	Z	T	A	V	N	B	V	I	K	M	R	Ë
O	E	X	R	E	Z	I	D	B	A	K	T	T	A	I	S
N	R	J	A	O	F	K	M	O	M	H	I	A	T	A	H
F	D	Q	T	A	V	R	M	I	R	U	K	T	I	C	I
L	R	D	E	J	H	D	I	J	G	Z	A	I	K	W	L
I	V	D	T	V	F	L	O	E	T	I	K	A	E	S	L
K	P	C	Y	E	E	R	A	T	E	T	Y	Q	M	O	T
T	A	S	Q	O	J	R	A	T	I	N	A	M	U	H	A
E	F	I	A	T	N	V	I	Ë	T	U	L	O	Z	E	R
J	W	Q	K	E	A	D	A	S	A	B	M	A	X	G	Z
Q	Q	N	X	K	J	T	Z	R	Ë	T	G	D	D	W	W

AMBASADA
AMBASADOR
QYTETARËT
QYTETARE
KOMUNITETI
KONFLIKT
KËSHILLTAR
BASHKËPUNIMI
DIPLOMATIKE
DISKUTIM
ETIKA
QEVERISË
HUMANITAR
DREJTËSI
POLITIKA
REZOLUTË
SIGURIA
ZGJIDHJE
TRAKTATI

14 - Astronomie

O	N	K	R	Q	P	R	E	A	L	Z	B	Q	S	Q	E
B	Q	O	A	M	A	R	D	K	M	S	C	U	H	T	K
P	V	Z	K	D	P	E	V	R	L	L	E	I	Q	O	U
U	I	M	E	I	L	Z	B	W	K	I	O	H	M	K	I
B	R	O	T	E	O	A	A	K	S	L	P	R	A	A	N
Q	O	S	Ë	L	J	T	S	N	B	S	L	S	P	U	O
G	T	I	D	L	Ë	I	T	K	Ë	K	G	R	R	O	K
A	A	W	E	O	S	M	R	U	N	H	T	N	O	V	S
S	V	L	M	R	I	I	O	D	P	O	Z	X	E	X	I
T	R	C	A	E	V	W	N	N	J	L	Q	M	T	I	T
R	E	I	K	K	A	J	A	N	L	L	U	G	E	J	M
O	S	W	R	N	T	Q	U	J	L	S	Q	J	M	Q	L
N	B	S	C	M	N	I	T	G	J	I	T	H	Ë	S	I
O	O	E	V	T	E	K	K	P	L	A	N	E	T	F	L
M	F	J	T	U	J	Y	M	Ë	U	K	O	V	K	N	U
Y	A	S	T	E	R	O	I	D	I	R	O	I	C	G	T

ASTEROIDI
ASTRONAUT
ASTRONOM
QIELL
PLOJËSI
KOZMOSI
EKLIPS
EKUINOKSI
RAKETË
GALAKTIKË
HËNA
METEOR
MJEGULLNAJA
OBSERVATORI
PLANET
RREZATIMI
DIELLORE
TOKA
GJITHËSI

15 - Physique

G	V	P	R	O	I	M	Z	I	T	E	N	G	A	M	V
R	E	F	O	E	E	G	O	G	A	Z	I	G	C	H	N
A	S	B	L	K	L	X	F	T	C	C	E	R	N	G	B
K	A	O	S	I	I	A	A	I	O	E	S	I	E	X	Ë
I	I	U	D	M	B	S	T	T	L	R	E	M	U	P	R
N	S	U	C	I	L	A	T	I	O	N	A	C	K	K	T
A	Ë	Z	L	K	T	M	K	R	V	M	X	Ë	E	A	H
K	D	J	P	W	C	I	T	E	T	I	V	A	R	G	A
E	N	F	O	R	M	U	L	Ë	N	K	T	S	F	V	M
M	E	L	A	S	R	E	V	I	N	U	D	E	V	L	O
W	D	M	O	L	E	K	U	L	A	Y	R	A	T	D	R
G	B	Y	E	L	E	K	T	R	O	N	N	H	O	I	E
N	Q	Z	F	Y	Z	J	M	K	J	Q	L	I	R	B	Y
E	V	F	L	P	Ë	R	S	H	P	E	J	T	I	M	I
T	G	H	G	T	O	R	U	F	E	S	Z	R	A	C	S
S	H	P	E	J	T	Ë	S	I	Z	H	I	K	Z	S	T

PËRSHPEJTIMI
ATOM
KAOS
KIMIKE
DENDËSIA
ELEKTRON
FORMULË
FREKUENCA
GAZ
GRAVITETI
MAGNETIZMI
MASA
MEKANIKA
MOLEKULA
MOTOR
BËRTHAMORE
GRIMCË
RELATIVITETI
UNIVERSALE
SHPEJTËSI

16 - Types de Cheveux

K	A	Ç	U	R	R	E	L	B	T	I	E	I	F	F	E
G	S	L	V	D	W	A	R	U	U	C	B	S	X	S	B
J	E	T	R	A	S	H	Ë	T	L	D	U	O	N	G	A
A	F	E	Ë	F	T	Y	V	Ë	L	S	K	R	B	R	R
T	A	N	T	F	N	B	J	G	A	I	K	H	L	Y	D
Ë	K	D	R	J	F	Y	P	X	C	D	H	N	U	S	H
J	O	U	U	Z	W	M	T	H	A	T	Ë	O	M	Q	Ë
Q	P	R	K	U	B	T	Ë	S	M	V	M	A	L	H	U
Y	D	V	H	P	V	O	R	W	H	B	V	X	B	L	P
A	D	A	S	A	Q	P	Y	U	H	K	X	H	N	Y	Ë
S	W	Z	I	D	N	E	J	G	R	A	Ë	C	N	L	L
B	J	O	N	D	Y	U	G	T	Y	Z	L	L	Q	R	D
A	Q	T	O	S	A	J	N	K	T	E	X	C	Q	P	A
E	Z	E	Z	Ë	Y	N	E	M	E	O	N	D	E	I	L
P	U	V	V	A	L	J	M	P	C	S	Y	Y	L	L	M
A	D	I	S	H	Ë	N	D	E	T	S	H	Ë	M	B	S

ARGJENDI
E BARDHË
BJOND
CURLS
SHKËLQIM
TULLAC
ME NGJYRË
I SHKURTËR
BUTË
E TRASHË
KAÇURREL
GRY
GJATË
KAFE
I HOLLË
E ZEZË
ME ONDE
I SHËNDETSHËM
THATË
ENDUR

17 - Archéologie

A	M	G	T	P	H	X	T	Y	Q	P	F	I	S	F	M
N	I	Q	W	P	R	A	F	O	S	I	L	E	V	A	X
A	S	H	Y	H	O	O	R	U	H	O	J	N	A	P	K
L	T	L	F	E	B	I	F	R	E	K	S	P	E	R	T
I	E	J	S	M	J	H	S	E	U	I	D	U	T	S	Q
Z	R	H	A	T	E	Ë	V	O	S	A	U	I	F	T	Y
A	V	S	R	P	K	K	A	N	J	O	R	P	R	T	T
U	Z	Z	V	A	T	I	I	T	X	C	R	I	X	O	E
M	P	H	K	S	E	M	S	L	E	P	O	K	Ë	V	T
Y	F	F	U	A	L	A	Ë	L	E	W	U	E	V	A	Ë
E	G	S	R	R	Y	R	T	O	K	R	Z	M	Q	R	R
K	O	Z	O	D	E	E	H	Q	I	X	O	M	R	R	I
C	N	I	U	H	E	Q	S	K	O	C	K	A	T	I	M
Q	X	U	D	Ë	I	Z	A	G	S	P	T	H	J	B	I
N	U	V	W	S	Y	S	L	L	U	P	M	E	T	Q	Q
I	S	P	G	V	L	E	R	Ë	S	I	M	I	U	G	Z

ANALIZA
LASHTËSIA
STUDIUES
QYTETËRIMI
PASARDHËS
EKSPERT
EPOKË
EKIPI
VLERËSIMI
FOSILE
PANJOHUR
MISTER
OBJEKTE
KOCKAT
HARRUAR
QERAMIKË
PROFESOR
RELIKE
TEMPULL
VARRI

18 - Mammifères

D	E	L	E	G	I	S	W	A	H	B	C	Y	H	L	D
L	Y	C	Z	W	O	G	I	T	N	A	F	E	L	E	O
U	Q	X	A	W	P	R	P	E	R	L	O	X	A	P	G
K	O	G	Z	M	J	Ë	I	X	V	E	G	S	K	U	S
K	O	J	O	T	Ë	G	J	L	S	N	G	G	D	R	O
S	G	S	B	T	N	I	X	R	L	A	N	X	H	I	C
I	N	M	S	S	D	T	W	Z	K	A	E	J	D	A	T
J	D	E	M	B	T	Q	G	J	I	R	A	F	Ë	Y	Y
G	X	K	Q	Z	Z	W	P	S	A	Ë	U	G	W	S	Q
Q	F	N	I	A	S	Q	G	H	G	B	I	G	U	U	B
K	A	L	Ë	A	J	C	N	C	Y	E	R	D	N	U	S
N	P	D	K	T	B	J	Y	L	A	Z	A	E	U	A	S
B	J	P	H	J	C	S	W	U	Q	G	L	L	M	A	K
E	U	U	U	J	K	U	Q	A	X	O	C	F	J	H	O
O	J	R	T	B	B	T	E	N	Z	Z	K	I	A	Y	F
J	U	R	H	Z	A	R	N	I	M	G	F	N	M	Q	G

BALENA
MACE
KALË
QEN
KOJOTË
DELFIN
ELEFANTI
GJIRAFË
GORILLA
KANGUR
LEPURI
LUANI
UJKU
DELE
ARIU
FOKS
MAJMUN
DEM
TIGËR
ZEBËR

19 - Chocolat

Y	H	H	D	Q	G	R	E	Q	E	H	S	K	I	O	P
I	Y	P	V	S	G	Ë	Ë	J	O	S	H	A	R	O	Ë
P	U	I	Z	Y	B	Q	M	V	P	T	I	R	E	T	R
C	J	I	W	A	B	M	B	O	A	E	V	A	C	H	B
O	N	Z	O	A	Q	A	Ë	T	R	Q	F	M	E	K	Ë
I	S	E	R	U	H	U	L	P	A	A	M	E	T	A	R
A	N	T	I	O	K	S	I	D	U	E	S	L	A	R	Ë
X	K	I	J	W	M	A	L	L	R	M	W	E	D	A	S
L	W	I	K	O	K	O	S	I	E	H	X	G	Z	M	R
Q	J	X	K	P	Q	R	J	K	F	S	X	W	P	E	B
A	V	E	K	I	T	O	Z	K	E	J	I	H	S	L	E
U	Q	W	G	Z	R	Y	V	B	R	I	V	P	E	E	W
X	I	G	J	M	L	I	C	H	P	H	K	A	K	A	O
C	I	L	Ë	S	I	A	K	R	E	S	O	Z	F	I	L
E	H	I	D	H	U	R	V	Ë	A	E	I	Q	I	W	A
O	X	H	D	W	W	S	E	Ë	T	I	R	O	L	A	K

E HIDHUR
ANTIOKSIDUES
KARAMELE
KIKIRIKËT
KAKAO
KALORITË
KARAMEL
E SHIJSHME
E ËMBËL
MALL
EKZOTIKE
E PREFERUARA
SHIJE
PËRBËRËS
KOKOSI
PLUHUR
CILËSIA
RECETA
AROMË
SHEQER

20 - Mathématiques

T	E	R	A	I	R	T	E	M	O	E	J	G	E	M	G
H	K	R	R	Ë	T	E	M	I	R	E	P	F	M	Z	X
Y	U	E	I	P	A	R	A	L	E	L	O	X	I	B	H
E	A	T	T	P	A	R	A	L	E	L	O	G	R	A	M
S	C	H	M	L	V	W	I	H	S	E	H	S	U	W	V
Ë	I	E	E	T	Y	O	E	S	P	H	P	T	F	X	Z
R	O	N	T	K	R	T	D	Ë	Q	I	U	U	L	V	U
K	N	C	I	F	B	E	O	D	K	A	N	M	K	A	B
Y	I	A	K	A	X	T	K	N	W	G	D	G	Ë	Q	S
A	G	C	Ë	V	H	W	X	Ë	A	F	S	W	U	U	V
P	O	L	I	G	O	N	I	K	N	T	N	Z	Y	L	W
D	I	A	M	E	T	R	I	T	E	D	N	Ë	K	I	L
V	Ë	L	L	I	M	I	B	J	O	I	Ë	M	E	D	X
J	N	K	U	W	W	T	N	E	N	O	P	S	K	E	I
S	I	M	E	T	R	I	E	R	O	T	E	J	H	D	Z
D	X	Y	I	Y	D	K	M	D	L	K	I	F	C	R	O

KËNDET
ARITMETIKË
SHESHI
RRETHENCA
DHJETORE
DIAMETRI
EKSPONENT
EKUACIONI
THYESË
GJEOMETRIA

PARALEL
PARALELOGRAM
PINGUL
PERIMETËR
POLIGONI
DREJTKËNDËSH
SHUMË
SIMETRI
TREKËNDËSH
VËLLIMI

21 - Sport

M	F	A	K	Y	V	S	Q	Ë	L	L	I	M	I	V	V
H	O	F	O	Z	I	A	H	L	I	R	P	I	G	G	K
J	R	T	C	Y	Y	J	L	T	Z	O	U	P	A	Q	M
H	C	Ë	K	C	M	X	X	L	R	O	R	A	D	Ë	A
T	Ë	S	A	B	H	R	Q	J	Ë	I	T	R	N	N	X
J	R	I	T	Y	Z	Z	D	N	H	Z	H	V	X	D	I
U	Z	A	S	H	Ë	N	D	E	T	I	I	E	S	R	M
K	W	B	J	D	I	E	T	Ë	E	M	B	M	N	U	I
S	O	X	J	N	L	I	Z	Y	L	A	Q	Ë	I	E	Z
U	K	K	N	J	E	Q	G	C	T	R	O	Z	P	S	O
M	C	J	A	U	K	R	I	E	A	G	R	I	T	H	G
M	E	T	A	B	O	L	I	K	E	O	B	L	B	M	S
S	P	O	R	T	E	T	K	C	Q	R	C	K	I	Ë	B
V	G	Z	W	L	M	M	B	I	D	P	R	I	C	R	J
T	Ë	U	S	H	Q	Y	E	R	I	T	I	Ç	V	I	O
P	D	V	H	O	R	T	A	I	A	L	L	W	G	M	Z

ATLET
AFTËSI
TRUPI
ÇIKLIZËM
VALLËZIMI
DIETË
QËNDRUESHMËRI
TRAJNER
SHTRIHEN
FORCË
VRAPIM
MAXIMIZO
METABOLIKE
MUSKUJT
TË USHQYERIT
QËLLIMI
KOCKAT
PROGRAMI
SHËNDETI
SPORTET

22 - Mythologie

L	A	B	I	R	I	N	T	D	K	T	P	T	M	F	L
I	A	S	C	P	L	A	M	Q	F	M	Ë	S	A	A	U
P	Q	M	E	R	Q	V	T	P	C	V	R	D	G	T	F
X	A	H	A	K	M	A	R	R	J	E	B	Y	J	K	T
H	D	V	V	D	E	K	S	H	Ë	M	I	H	I	E	Ë
E	N	X	D	Q	Z	F	P	W	I	B	N	E	K	Q	T
L	E	Z	T	E	M	I	S	E	B	H	D	R	E	Ë	A
O	J	D	L	F	K	Z	B	Z	A	H	Ë	O	E	S	R
Z	G	N	R	U	R	Ë	I	P	R	Z	S	F	R	I	I
I	E	E	J	R	C	X	S	V	C	E	H	O	I	Y	K
A	L	J	M	R	C	R	O	I	P	I	T	E	K	R	A
K	U	L	T	U	R	A	Q	K	A	X	F	R	J	C	L
J	T	L	B	U	B	U	L	L	I	M	A	O	J	F	D
Q	R	E	O	I	K	R	I	J	I	M	K	M	R	L	L
R	Y	J	K	R	I	J	E	S	A	J	Q	B	N	C	B
F	H	S	W	N	M	Y	X	K	K	Z	A	D	D	C	Ë

ARKETIPI
FATKEQËSI
SJELLJE
KRIJIM
KRIJESA
BESIMET
KULTURA
RRUFE
FORCË
LUFTËTARI
HERO
PAVDEKËSIA
XHELOZIA
LABIRINT
LEGJENDA
MAGJIKE
PËRBINDËSH
VDEKSHËM
BUBULLIMA
HAKMARRJE

23 - Restaurant #2

K	H	W	D	R	N	N	B	F	P	Y	I	V	W	U	P
A	O	P	A	A	R	K	S	R	T	I	B	C	G	E	E
M	I	Q	C	G	R	Q	O	U	G	T	J	Y	B	L	V
A	O	P	F	S	N	K	Z	T	Y	Q	I	E	E	W	R
R	F	P	P	N	C	O	A	A	T	E	F	M	E	Y	Y
I	Ë	T	E	P	T	O	R	T	Ë	P	I	R	K	S	F
E	T	E	M	I	R	E	P	S	O	O	Q	X	X	D	X
R	A	F	D	K	L	L	Z	Z	X	K	Y	R	L	H	S
I	L	N	E	S	H	I	J	S	H	M	E	A	I	M	U
X	L	L	U	K	A	S	P	Q	E	P	I	R	U	N	P
K	A	R	R	I	G	E	E	Q	R	T	D	J	X	F	Ë
N	S	X	Z	D	V	O	C	P	Ë	G	U	L	L	L	U
L	R	I	H	U	W	V	P	Z	Z	Q	W	O	E	H	J
Z	I	A	Z	Q	G	O	A	D	A	U	U	I	W	H	I
D	R	E	K	Ë	Z	E	V	T	P	B	J	H	X	L	U
I	V	H	R	E	D	G	M	D	I	I	E	W	U	V	I

PIJE
KARRIGE
LUGË
DREKË
E SHIJSHME
DARKA
UJI
ERËZA
PIRUN
FRUTA
TORTË
AKULL
PERIMET
PETË
VEZË
PESHK
SALLATË
KRIPË
KAMARIER
SUPË

24 - Avions

V	C	M	I	M	X	N	H	Q	V	F	V	D	Z	D	R
E	Z	N	E	R	R	Q	G	A	I	S	Ë	T	R	A	L
F	X	I	H	Z	A	P	I	U	K	E	S	J	P	E	P
G	J	T	M	E	J	S	X	F	H	J	L	S	X	H	Q
M	I	T	J	E	R	D	B	U	I	L	P	L	R	O	E
Y	O	R	B	L	I	Q	X	H	Z	U	G	J	I	A	Ë
Q	B	T	O	L	I	P	Q	P	A	S	A	G	J	E	R
N	L	U	O	T	U	R	B	U	L	L	I	R	A	E	E
H	D	B	Q	R	F	R	Y	J	F	U	J	J	D	A	F
L	K	Ë	R	U	T	N	E	V	A	O	M	E	J	W	S
Q	Y	D	R	H	Z	B	R	I	T	J	E	B	R	W	O
P	G	Y	R	T	N	A	R	U	B	R	A	K	F	E	M
L	Z	E	R	K	I	S	Ë	T	R	A	L	B	F	D	T
I	F	E	D	S	X	M	T	R	U	R	C	G	Q	R	A
N	E	J	G	O	R	D	I	H	I	S	T	O	R	I	Z
T	U	L	L	U	M	B	A	C	E	J	T	G	V	Y	I

AJRI
LARTËSI
ATMOSFERË
ULJE
AVENTURË
TULLUMBACE
KARBURANT
QIELL
NDËRTIMI
ZBRITJE
DREJTIM
EKUIPAZHI
FRYJ
LARTËSIA
HISTORI
HIDROGJEN
MOTOR
PASAGJER
PILOT
TURBULLIRA

25 - Aventure

E	N	T	U	Z	I	A	Z	M	I	C	K	T	A	V	G
N	A	V	I	G	A	C	I	O	N	R	W	R	K	Ë	C
D	E	S	T	I	N	A	C	I	O	N	I	I	T	S	Y
H	Q	Y	J	F	T	G	H	F	T	L	G	M	I	H	S
C	T	U	S	K	K	I	H	I	C	D	B	Ë	V	T	F
S	E	P	A	Z	A	K	O	N	T	Ë	E	R	I	I	I
P	I	R	U	K	U	B	U	O	A	E	F	I	T	R	D
Ë	S	G	X	Y	A	P	D	I	W	D	A	R	E	Ë	A
R	Ë	G	U	A	Z	T	H	S	B	D	S	A	T	S	T
G	D	Ë	D	R	A	E	Ë	R	K	H	U	R	I	I	B
A	N	Z	C	Y	I	R	T	U	I	S	E	E	R	F	F
T	U	I	N	T	Q	A	I	K	W	P	S	N	D	G	X
I	M	M	O	A	H	B	M	S	R	C	E	I	E	G	N
T	F	M	A	N	P	T	E	K	P	Y	S	T	B	W	L
J	U	V	L	J	R	F	T	E	A	V	U	I	B	A	L
A	O	U	K	E	R	R	E	Z	I	K	S	H	M	E	V

AKTIVITETI
BUKURI
TRIMËRI
E RREZIKSHME
DESTINACIONI
SFIDAT
VËSHTIRËSI
ENTUZIAZMI
EKSKURSION
E PAZAKONTË
ITINERARI
GËZIM
NATYRA
NAVIGACION
I RI
MUNDËSI
PËRGATITJA
SIGURIA
BEFASUESE
UDHËTIMET

26 - Ville

F	G	Z	K	P	Y	X	T	G	R	Q	W	F	O	A	N
S	U	I	S	A	M	E	N	I	K	T	A	W	K	S	P
T	R	R	Ë	A	F	O	U	I	R	A	R	B	I	L	T
A	Q	E	K	Y	P	E	Z	U	M	T	G	G	B	S	X
D	X	L	N	E	S	U	P	E	R	M	A	R	K	E	T
I	V	A	A	C	Ë	K	O	J	N	N	L	E	A	W	N
U	Z	G	B	Y	T	U	P	I	B	Q	L	Z	T	M	A
M	C	P	C	Z	I	O	V	J	U	R	O	I	A	H	R
I	L	E	T	O	H	B	K	M	S	Q	K	V	C	N	O
C	Q	E	R	C	S	Q	K	V	D	G	H	T	F	R	T
A	C	Y	E	O	E	O	L	D	U	P	S	B	C	C	S
M	Y	E	G	W	L	S	A	L	L	O	N	G	H	B	E
R	R	F	U	F	U	U	Z	K	L	I	N	I	K	A	R
A	I	B	F	N	L	L	A	E	R	O	P	O	R	T	R
F	U	N	I	V	E	R	S	I	T	E	T	I	Z	G	N
H	J	U	K	U	E	Q	F	U	J	Y	K	G	R	N	F

AEROPORT
BANKË
FURKE
KAFE
KINEMA
KLINIKA
SHKOLLA
LULESHITËS
GALERI
HOTEL
LIBRARI
TREGU
MUZE
FARMACI
RESTORANT
SALLON
STADIUMI
SUPERMARKET
TEATRI
UNIVERSITETI

27 - Ingénierie

Y	M	A	B	S	Z	P	N	D	I	A	M	E	T	R	I
I	A	Q	Z	Y	B	J	W	D	S	S	U	Y	R	Ë	L
U	T	L	R	O	T	O	M	M	Ë	N	I	K	A	M	L
A	J	I	C	R	D	Y	H	P	J	R	H	W	U	A	O
Y	A	Y	M	F	O	D	R	P	T	T	T	I	Z	R	G
L	Ë	N	G	N	D	T	B	K	M	I	E	I	D	G	A
K	Ë	N	D	O	T	H	U	U	Q	T	Y	S	M	A	R
T	S	H	T	E	S	J	E	L	B	E	C	K	F	I	I
S	H	E	N	E	R	G	J	I	L	T	J	A	F	D	T
D	U	E	B	C	V	F	T	N	X	I	Y	R	O	I	J
O	R	I	L	L	D	T	C	B	G	L	M	T	R	B	A
W	B	I	E	L	Z	G	Y	B	U	I	F	I	C	R	M
Q	H	G	J	I	Ë	T	F	A	N	B	C	C	Ë	Q	Y
E	W	C	M	M	G	S	A	B	D	A	J	N	U	B	Y
T	K	L	O	W	B	A	I	F	Q	T	E	E	U	C	R
E	J	R	A	D	N	R	Ë	P	H	S	Q	X	C	Q	J

KËND
AKSI
LLOGARITJA
NDËRTIMI
DIAGRAMË
DIAMETRI
NAFTË
SHPËRNDARJE
ENERGJI

FORCË
LËNG
MAKINË
MATJA
MOTOR
THELLËSI
SHTESJE
RROTULLIMI
STABILITETI

28 - Énergie

B	D	I	E	L	L	T	V	N	T	E	B	N	Q	L	I
L	A	R	E	X	Y	U	E	O	V	N	G	X	G	Q	N
J	Ë	T	F	A	N	R	M	V	U	T	J	E	R	S	D
D	N	P	E	E	Z	B	H	F	D	R	T	H	I	K	U
U	I	D	V	R	S	I	S	X	W	O	S	T	T	A	S
K	Z	H	T	O	I	N	E	W	E	P	P	Ë	K	R	T
F	N	D	T	M	D	Ë	U	L	F	I	J	S	A	B	R
L	E	Z	K	A	E	M	V	L	E	A	A	I	R	U	I
K	B	U	I	H	J	E	O	F	B	K	J	A	B	R	A
F	D	G	A	T	M	P	N	G	X	W	T	U	O	A	B
E	O	X	M	R	N	K	I	K	F	Z	O	R	N	N	I
D	A	T	E	Ë	F	K	R	N	O	T	D	Z	I	T	P
I	K	B	O	B	G	N	O	E	X	F	N	C	Y	K	Y
W	B	G	Y	N	O	R	T	K	E	L	E	Z	U	E	E
F	V	Z	N	E	J	G	O	R	D	I	H	N	M	W	Q
F	J	T	N	U	J	P	M	P	J	H	X	N	R	C	I

BATERI
KARBON
KARBURANT
NXEHTËSIA
NAFTË
ENTROPIA
MJEDIS
BENZINË
ELEKTRIKE
ELEKTRON

HIDROGJEN
INDUSTRIA
MOTOR
BËRTHAMORE
FOTON
NDOTJA
RINOVUESHME
DIELL
TURBINË
ERA

29 - Corps Humain

B	L	E	W	U	W	S	W	I	N	Q	G	K	H	P	L
I	Q	V	M	V	A	A	Ë	R	O	D	J	O	U	I	V
C	F	Y	H	K	E	Z	P	U	F	W	A	K	N	G	W
O	T	V	J	W	Y	H	Y	R	U	N	K	Ë	D	B	Y
U	A	P	B	V	A	S	N	T	L	J	A	I	Ë	Ë	J
L	J	R	R	T	O	O	C	L	L	L	G	P	A	R	A
P	Ë	Y	G	I	S	H	T	I	A	K	M	Z	Z	R	M
M	Q	K	Q	A	F	Ë	Ë	R	J	T	X	E	M	Y	M
M	F	O	U	F	Y	V	Z	Ç	O	Y	C	M	C	L	E
P	J	C	J	R	U	S	U	Y	G	G	P	R	O	G	D
H	J	E	W	W	Ë	C	B	K	B	I	X	A	T	K	X
U	H	B	K	V	H	S	E	V	A	F	Y	T	Y	R	A
V	G	W	Y	Ë	K	N	H	N	R	K	X	A	W	G	L
Y	Y	C	X	U	R	W	J	S	K	F	O	X	X	Q	X
Y	V	Z	U	S	U	P	K	Z	L	V	G	Q	S	K	E
P	O	V	C	W	F	P	V	I	D	C	B	B	L	O	O

GOJA
TRURI
KYÇRI
QAFË
BËRRYL
ZEMRA
GISHTI
BARK
SUP
GJU

BUZËT
DORË
NOFULLA
MJEKËR
HUNDË
VESH
LËKURËS
GJAK
KOKË
FYTYRA

30 - Biologie

C	E	T	V	J	I	J	E	L	K	R	H	C	Z	P	S
F	G	K	A	Q	V	T	Z	U	A	Z	B	P	E	R	I
G	O	S	H	W	T	E	R	E	T	K	A	B	M	O	N
G	J	T	Z	Z	Z	L	G	D	M	O	A	Ë	O	T	A
X	T	I	O	W	X	S	O	B	K	B	N	Z	Z	E	P
C	Y	L	T	S	O	Z	R	M	J	M	R	O	O	I	S
Z	V	E	O	A	I	N	E	U	R	O	N	I	M	N	I
V	N	Q	Q	Y	R	N	T	O	L	J	C	B	O	A	Ë
A	T	Z	C	W	M	Q	T	G	G	A	L	M	R	N	M
R	Y	Z	D	W	M	Y	H	E	J	G	B	I	K	H	I
R	A	M	X	P	E	E	P	Ë	Z	O	M	S	O	Z	Z
A	I	M	O	T	A	N	A	O	B	A	W	N	M	A	N
N	E	V	O	L	U	C	I	O	N	I	B	U	F	L	E
I	S	G	W	J	M	U	T	A	C	I	O	N	E	O	I
K	N	E	R	V	O	R	H	O	R	M	O	N	T	K	E
I	N	U	N	A	T	Y	R	O	R	E	X	G	I	A	L

ANATOMIA
BAKTERET
QELI
KROMOZOM
KOLAZHN
EMBRIONI
ENZIMË
EVOLUCIONI
HORMON
GJITAR
MUTACION
NATYRORE
NERVOR
NEURON
OSMOZË
FOTOSINTEZA
PROTEINA
ZVARRANIK
SIMBIOZË
SINAPSI

31 - Épices

A	K	A	N	E	L	L	Ë	X	J	N	L	O	I	G	D
S	R	K	R	I	P	Ë	R	M	A	A	V	S	M	H	A
S	E	R	Q	I	M	N	O	N	M	R	R	Q	E	P	Ë
P	P	I	Ë	G	Z	U	L	P	B	F	F	O	Q	A	Q
E	I	Q	X	M	N	D	I	H	A	A	H	S	M	N	E
C	P	C	L	H	Y	E	F	G	L	H	E	O	L	Ë	C
I	K	H	X	P	B	S	E	J	L	S	K	F	B	P	S
K	O	R	U	H	D	I	H	E	Y	J	O	K	Y	X	T
U	R	Ë	X	T	E	N	X	K	G	A	P	W	W	D	U
Q	I	H	D	N	N	A	N	T	Q	F	Ë	I	B	V	N
V	A	D	O	U	L	U	E	K	Z	S	R	K	U	B	M
N	N	U	I	R	D	M	H	K	A	R	D	A	M	O	M
W	D	H	P	L	C	O	X	V	A	N	I	L	J	E	W
H	Ë	A	G	R	F	Y	K	E	R	R	I	X	F	D	B
S	R	O	Z	K	H	L	P	S	R	Y	I	D	H	W	E
J	H	L	I	S	J	Q	L	J	I	Z	G	K	O	S	I

KOSI
HUDHËR
E HIDHUR
ANISE
KANELLË
KARDAMOM
KORIANDËR
QIMNON
KERRI
KOPËR
XHENXHEFIL
ARRËMYSHK
QEPË
SPEC I KUQ
PIPER
JAMBALL
SHAFRAN
AROMË
KRIPË
VANILJE

32 - Agronomie

E	M	I	K	R	Ë	K	R	B	H	M	U	S	T	R	O
O	N	H	X	A	F	C	Y	A	U	U	J	B	W	U	P
O	N	E	N	S	I	D	E	J	M	J	I	X	T	R	T
H	E	L	R	X	Ë	N	K	T	G	V	Q	O	C	A	C
W	V	P	A	G	D	M	C	O	M	Y	P	Ë	Q	L	G
V	Q	S	I	E	J	R	U	D	B	F	Q	P	S	E	B
I	M	I	K	I	F	I	T	N	E	D	I	J	S	I	C
G	W	K	X	F	H	M	O	G	D	X	A	C	I	N	A
U	S	H	Q	I	M	S	B	V	N	J	G	Q	S	O	C
A	Q	R	R	I	T	J	A	U	Y	E	E	O	T	I	N
P	E	R	I	M	E	T	O	T	H	S	Z	T	E	Z	E
Q	M	J	T	P	E	J	B	Y	R	T	V	U	M	O	K
I	U	X	O	L	E	J	S	U	Q	U	A	Y	E	R	H
E	K	O	L	O	G	J	I	A	D	D	P	E	T	E	S
R	X	Q	I	O	W	X	E	I	M	I	H	D	O	R	P
I	I	C	O	N	E	F	A	R	A	M	P	R	C	M	P

BUJQËSIA
RRITJA
UJI
PLEH
MJEDIS
EKOLOGJIA
ENERGJI
EROZIONI
STUDIM
FARA

IDENTIFIKIMI
PERIMET
SËMUNDJET
USHQIM
NDOTJA
PRODHIMI
KËRKIME
RURALE
SHKENCA
SISTEMET

33 - Science

E	G	D	I	A	J	J	W	V	I	T	E	M	Z	E	Y
N	V	I	T	E	T	I	V	A	R	G	P	O	J	K	H
A	W	O	E	D	K	B	J	E	K	X	O	L	M	S	N
X	D	A	L	B	A	R	Y	T	A	N	Q	E	Q	P	E
Z	K	H	A	U	F	A	D	O	T	E	M	K	B	E	U
L	M	H	R	Y	C	K	L	I	M	A	I	U	P	R	Q
A	Ë	D	E	I	E	I	T	E	M	C	C	L	M	I	J
B	Z	U	N	H	T	Z	O	H	E	K	K	A	R	M	J
O	I	G	I	P	T	I	N	N	I	T	I	T	L	E	T
R	N	X	M	H	A	F	I	P	I	P	M	M	W	N	L
A	A	Y	O	T	Ë	D	H	Ë	N	A	O	W	I	T	Z
T	G	R	I	M	C	A	T	K	M	H	H	T	K	K	C
O	R	A	T	Ë	C	N	E	K	H	S	I	U	E	L	E
R	O	Y	C	Q	X	P	Y	L	B	E	K	U	O	Z	T
F	O	S	I	L	E	P	V	R	O	J	T	I	M	O	A
E	X	O	A	U	V	J	Z	E	S	G	A	T	O	M	R

ATOM
KIMIKE
KLIMA
TË DHËNA
EKSPERIMENT
EVOLUCIONI
FAKT
FOSILE
GRAVITETI
HIPOTEZA
LABORATOR
METODA
MINERALET
MOLEKULAT
NATYRA
VROJTIM
ORGANIZËM
GRIMCAT
FIZIKA
SHKENCËTAR

34 - Vêtements

P	D	I	U	R	V	O	S	N	Y	S	B	K	K	G	P
O	A	D	O	M	R	E	C	H	V	K	Y	A	D	V	I
B	E	N	W	F	D	I	S	B	V	A	Z	P	M	J	Z
N	O	M	T	S	B	H	P	H	J	J	Y	E	G	X	H
K	Q	P	Z	A	D	N	I	T	J	W	L	L	P	H	A
Ë	S	V	Y	Y	L	G	Y	A	U	E	Y	Ë	A	I	M
M	H	E	I	Z	G	L	L	B	X	L	K	M	L	N	A
I	A	H	Y	B	R	O	O	M	Y	A	X	R	L	S	K
S	L	D	O	R	E	Z	A	N	N	D	H	O	T	C	T
H	L	N	V	X	W	H	V	A	A	N	A	F	O	B	N
Ë	G	L	T	A	H	C	C	D	D	A	K	T	K	G	C
T	Z	F	B	L	U	Z	Ë	R	E	S	E	A	I	G	X
T	R	S	B	B	Y	P	X	E	K	K	T	L	R	S	F
H	Y	I	A	M	I	W	W	J	U	H	Ë	P	T	N	C
Z	D	S	T	M	R	N	I	G	X	W	Y	V	O	A	Z
R	M	P	C	L	G	E	E	R	D	K	M	O	E	Q	K

BYZYLYK
RRIP
KAPELË
MBATH
KËMISHË
BLUZË
GJERDAN
SHALL
DOREZA
XHINS
SKAJ
PALLTO
MODA
PANTALLONA
TRIKO
PIZHAMA
VESHJE
SANDALE
PLATFORMË
XHAKETË

35 - Arts Visuels

S	Y	F	K	S	Z	D	R	I	P	E	P	C	Q	U	D
Ë	T	F	A	R	T	V	Y	M	J	Z	I	Z	P	X	Z
M	B	I	L	A	P	S	L	L	F	P	K	W	K	S	H
U	R	H	L	D	A	U	F	I	L	Z	T	X	A	Y	X
K	U	C	W	O	L	U	L	F	M	I	U	X	L	P	Q
H	D	Y	H	Q	L	Y	K	U	V	V	R	E	J	N	W
S	I	W	U	U	N	A	J	Y	R	S	Ë	L	I	K	L
A	R	T	I	S	T	B	P	P	Ë	R	B	Ë	R	J	A
W	A	X	U	P	A	P	A	S	X	Y	Q	P	U	Q	K
P	D	P	E	R	S	P	E	K	T	I	V	Ë	R	E	Ë
R	O	S	K	U	L	P	T	U	R	Ë	K	B	D	R	M
F	S	R	K	O	A	K	L	I	S	H	E	Q	R	A	B
U	X	S	T	B	A	L	T	A	R	B	Q	W	Y	M	A
M	Q	S	I	R	A	T	M	I	J	I	R	K	M	I	L
B	A	R	Ë	P	E	V	E	Y	R	K	K	J	Y	K	E
Ë	R	U	T	K	E	T	I	K	R	A	Q	R	Q	Ë	C

ARKITEKTURË
BALTA
ARTIST
QERAMIKË
QYMYR DRURI
KRYEVEPËR
KËMBALEC
DYLLI
PËRBËRJA
SHKUMËS
LAPS
KRIJIMTARI
FILM
PIKTURË
PERSPEKTIVË
KLISHE
PORTRET
SKULPTURË
STILOLAPS
LLAK

36 - Méditation

W	Q	J	V	C	Z	G	T	G	Y	G	C	D	Y	F	P
O	A	K	I	Z	U	M	A	N	U	R	K	D	W	D	E
A	R	U	T	S	O	P	U	B	H	O	F	O	O	J	R
D	T	O	H	Z	O	T	E	N	O	K	A	Z	N	H	S
H	Ë	D	A	J	R	R	A	M	Ë	M	Y	R	F	M	P
E	S	Y	P	B	W	P	J	P	O	W	Q	E	B	I	E
M	I	R	W	M	N	S	Z	A	M	C	R	J	A	R	K
B	D	Z	K	B	U	N	I	N	U	V	I	H	M	Ë	T
S	E	D	J	U	K	A	V	P	U	R	S	O	N	S	I
H	M	Q	I	N	R	T	Ë	R	L	O	Ë	J	N	I	V
U	D	V	E	D	J	Y	L	A	P	J	T	N	S	E	Ë
R	A	U	J	G	Z	R	F	N	A	T	E	Ë	R	F	T
I	E	F	Q	N	I	A	O	I	Q	I	Q	R	G	A	H
Z	M	E	N	D	O	R	E	M	E	M	T	I	X	K	S
H	E	S	H	T	J	E	L	I	M	K	H	M	O	V	R
P	J	D	D	F	B	A	H	G	P	F	H	T	L	H	N

PRANIMI
KUJDES
QETËSI
QARTËSI
DHEMBSHURI
EMOCIONET
ZGJUAR
MIRËSI
MIRËNJOHJE
ZAKONET
MENDORE
LËVIZJA
MUZIKA
NATYRA
VROJTIM
PAQE
PERSPEKTIVË
POSTURA
FRYMËMARRJA
HESHTJE

37 - Littérature

P	B	B	N	J	W	W	A	M	X	O	B	I	S	Y	T
Ë	L	V	P	D	Y	Y	Q	A	N	K	M	E	T	Z	C
R	Q	D	Ë	T	O	D	K	E	N	A	H	B	I	H	W
F	P	P	R	O	T	U	A	V	A	A	Z	H	L	A	K
U	O	Q	S	L	X	B	W	H	M	I	L	L	I	R	T
N	E	J	H	U	V	G	U	W	O	J	Y	I	L	E	T
D	M	E	K	I	T	E	O	P	R	G	O	L	Z	D	R
I	Ë	H	R	I	E	R	A	S	E	O	J	C	K	A	A
M	N	B	I	D	U	I	H	Y	I	L	X	Z	Q	H	G
R	I	A	M	E	T	T	T	J	L	A	F	X	A	T	J
R	O	S	R	C	T	Ë	X	J	J	N	J	W	B	D	E
I	G	C	A	R	H	M	E	A	S	A	X	B	R	X	D
M	X	D	I	H	A	B	I	O	G	R	A	F	I	A	I
Ë	A	X	A	K	A	T	U	M	E	T	A	F	O	R	A
C	O	R	M	L	T	R	O	D	I	A	L	O	G	U	A
W	W	T	V	K	C	Y	K	R	M	C	T	Z	A	M	K

ANALOGJIA
ANALIZA
ANEKDOTË
AUTOR
BIOGRAFIA
KRAHASIM
PËRFUNDIM
PËRSHKRIM
DIALOGU
TRILLIM
METAFORA
NARRATOR
POEMË
POETIKE
RIMË
ROMAN
RITËM
STILI
TEMA
TRAGJEDI

38 - Nourriture #1

L	S	Ë	S	Y	I	Y	K	Q	U	M	Ë	S	H	T	D
I	T	P	T	B	O	I	A	T	R	P	X	S	N	A	A
M	G	U	I	Y	H	S	R	X	Ë	U	Q	A	M	C	R
O	D	S	O	N	X	H	R	X	H	P	O	L	X	S	D
N	Y	R	G	Z	A	M	O	M	D	N	C	L	U	S	H
S	H	E	Q	E	R	Q	T	T	U	N	A	A	O	G	Ë
K	A	N	E	L	L	Ë	A	Q	H	G	O	T	I	I	H
M	P	G	I	F	F	N	N	W	N	P	N	Ë	K	Z	T
G	I	Z	N	F	A	Y	B	J	B	J	G	E	R	D	A
D	O	S	S	R	M	K	I	Z	J	J	G	R	I	Q	V
I	K	L	H	Y	C	W	R	H	E	V	A	O	P	Z	X
Q	E	P	Ë	R	L	Ë	N	G	M	C	C	I	Ë	P	U
B	O	R	Z	I	L	O	K	L	U	Q	B	K	P	E	W
L	R	J	T	Y	G	U	F	O	G	F	Q	M	E	Q	R
E	H	D	Y	R	T	H	S	E	L	U	L	H	R	R	L
D	X	G	A	Q	F	Q	P	I	R	H	N	T	R	K	Y

HUDHËR
BORZILOK
KAFE
KANELLË
KARROTA
LIMON
SPINAQ
LULESHTRYDHE
LËNG
QUMËSHT
RREPË
QEPË
ELB
DARDHË
SALLATË
KRIPË
SUPË
SHEQER
TUNA
MISH

39 - Jours et Mois

I	R	M	P	I	D	N	Q	M	Z	N	Q	D	U	R	T
W	V	J	K	C	R	Q	Ë	A	S	T	F	P	H	B	C
P	E	D	H	T	E	N	N	N	F	G	V	K	I	N	D
E	G	U	X	W	Q	M	L	J	T	V	F	R	U	E	G
L	D	Q	L	K	V	W	S	I	G	O	Y	O	D	C	J
E	M	A	R	T	Ë	P	R	I	L	L	R	O	T	E	T
S	H	K	U	R	T	K	A	L	E	N	D	A	R	E	F
E	G	M	J	O	U	B	M	V	M	U	A	J	Q	H	H
S	T	D	B	H	L	A	U	V	A	Q	N	X	H	Ë	I
H	Q	J	D	S	J	A	N	A	R	J	G	J	H	N	P
T	G	O	N	R	K	O	R	R	I	K	M	E	G	Ë	B
U	U	N	S	E	N	D	Y	E	P	R	E	M	T	E	X
N	S	Z	F	Q	E	W	N	C	C	W	E	D	I	E	L
Ë	H	E	M	Ë	R	K	U	R	Ë	L	W	A	Z	D	U
A	T	I	K	U	S	D	G	U	J	Q	T	O	V	M	C
S	C	U	B	M	S	H	T	A	T	O	R	O	B	K	O

GUSHT
PRILL
KALENDAR
E DIEL
SHKURT
JANAR
E ENJTE
KORRIK
QERSHOR
E HËNË
E MARTË
MARS
E MËRKURË
MUAJ
NËNTOR
TETOR
E SHTUNË
JAVA
SHTATOR
E PREMTE

40 - Jardinage

P	C	N	F	F	Q	F	X	V	V	Q	L	N	U	A	B
E	Z	C	G	L	J	M	F	N	I	D	A	R	A	F	U
M	G	F	E	E	I	L	G	Z	X	K	G	P	S	L	Q
I	K	W	Y	T	I	R	K	P	O	H	Ë	T	G	P	E
S	Y	V	V	Ë	I	B	C	L	Z	K	S	M	S	S	T
H	S	M	E	Q	J	G	J	E	T	H	H	U	J	I	Ë
T	E	L	L	O	J	E	T	G	K	N	T	K	I	L	R
E	C	N	Z	L	X	U	A	Z	M	I	I	P	G	Y	M
N	E	G	Ë	C	I	F	K	Z	D	R	T	N	H	Ç	V
P	I	S	L	L	Ë	K	U	D	Y	C	M	O	F	E	N
Ç	O	R	A	P	E	L	A	N	O	Z	E	S	Z	L	I
T	Q	F	E	M	Ë	H	S	N	Ë	R	G	N	J	K	N
O	I	D	R	S	I	P	L	E	H	R	A	S	H	A	E
K	P	E	O	A	Y	L	B	O	T	A	N	I	K	V	N
Ë	Q	E	P	K	A	O	K	L	I	C	H	B	I	S	A
S	E	L	U	L	L	K	F	D	H	W	U	O	W	C	O

BOTANIK
BUQETË
KLIMA
NGRËNSHËM
PLEHRASH
UJI
LLOJET
EKZOTIKE
GJETH
FLETË
ÇEL
LULES
FARA
LAGËSHTI
ENË
SEZONALE
PISLLËKU
TOKËS
ÇORAPE
PEMISHTE

41 - Entreprise

H	D	P	C	P	U	J	N	C	J	V	W	G	K	N	Z
Q	G	A	T	U	L	A	V	K	A	R	R	I	E	R	Ë
V	H	A	E	N	I	L	L	A	M	F	D	Y	Q	A	N
T	X	S	H	Ë	R	Y	Z	W	J	W	I	O	P	M	Q
R	K	I	X	D	C	I	G	F	L	W	X	T	I	B	B
A	A	R	U	H	D	R	A	Ë	T	N	O	B	I	P	U
N	S	V	B	Ë	A	N	C	I	P	Q	T	V	R	M	I
S	H	A	B	N	E	O	C	M	I	T	S	E	V	N	I
A	I	K	Q	Ë	F	K	K	L	H	K	O	A	E	J	S
K	T	C	Q	S	H	I	O	I	T	A	K	S	A	T	K
S	J	U	I	I	Z	U	N	N	F	A	B	R	I	K	Ë
I	E	J	C	X	O	W	N	A	O	P	A	R	A	T	Ë
O	S	Ë	J	N	O	N	U	P	N	M	M	F	U	X	U
N	E	U	J	G	D	K	Z	M	D	C	I	X	M	M	J
W	G	F	W	U	U	G	R	O	P	O	A	N	V	J	V
R	R	F	P	B	N	M	L	K	R	B	P	K	F	A	E

PARATË
DYQAN
BUXHET
ZYRË
KARRIERË
KOSTO
VALUTA
PUNËDHËNËSI
PUNONJËS
KOMPANI
EKONOMI
FINANCA
TAKSAT
INVESTIM
MALLIN
FITIMI
TË ARDHURA
TRANSAKSION
FABRIKË
SHITJE

42 - Activités

X	N	A	W	B	U	M	M	N	P	V	P	L	I	B	A
T	C	O	L	U	H	C	P	R	K	T	S	W	N	K	K
Q	L	T	E	J	P	S	Z	T	D	B	M	W	T	V	T
L	K	S	P	E	S	H	K	I	M	I	Y	A	E	I	I
N	O	P	F	J	K	L	J	Y	J	R	A	H	R	L	V
B	H	W	Y	P	P	O	E	U	E	G	D	D	E	V	I
C	A	H	A	E	E	N	P	X	O	B	A	D	S	P	T
J	E	A	I	Q	I	Z	O	S	I	F	F	M	A	I	E
Y	L	R	T	I	F	G	T	R	H	M	J	X	T	K	T
L	I	T	E	T	A	N	A	Z	J	T	I	D	V	T	I
O	R	X	U	J	R	I	S	Ë	T	F	A	U	K	U	O
J	Ë	T	J	C	G	P	S	L	F	N	U	R	G	R	C
Ë	Q	Y	G	A	O	M	H	I	K	I	N	G	I	A	O
R	Y	B	M	C	T	A	K	I	M	A	R	E	Q	G	D
A	F	W	D	D	O	K	K	Ë	N	A	Q	Ë	S	I	B
K	R	V	W	W	F	Ç	L	O	D	H	J	E	V	C	L

AKTIVITETI
ART
ZANATET
KAMPING
QERAMIKA
GJUETIA
AFTËSI
QEPJE
INTERESAT
KOPSHTARI
LOJËRA
LEXIMI
KOHA E LIRË
MAGJI
PIKTURA
PESHKIMI
FOTOGRAFI
KËNAQËSI
HIKING
ÇLODHJE

43 - Mode

N	M	Z	D	D	O	V	Q	L	A	W	Y	X	Y	Y	C
H	P	X	I	A	P	K	L	P	Q	N	A	T	L	M	I
G	P	H	Ë	N	L	R	S	T	D	C	M	U	P	X	L
S	G	R	B	T	M	K	I	T	U	B	O	H	Ë	M	Ë
I	N	N	C	E	H	E	X	R	S	Y	D	N	L	D	S
Q	S	E	Y	L	Y	S	E	T	J	N	E	K	H	S	I
R	U	O	I	L	Y	A	E	E	R	E	R	M	U	S	E
Z	N	U	F	A	K	W	Y	J	Z	K	N	I	R	T	L
M	L	F	H	I	O	A	D	T	H	I	E	N	Ë	I	E
R	E	H	A	T	S	E	D	O	M	T	U	I	X	L	G
S	D	T	A	N	O	T	U	B	K	K	E	M	H	I	A
F	O	J	V	F	U	O	I	A	D	A	N	A	D	M	N
S	M	B	K	I	X	W	O	K	Y	R	M	L	Y	K	T
Q	Ë	N	D	I	S	J	E	J	U	P	H	I	E	F	E
O	R	I	G	J	I	N	A	L	V	A	T	S	D	U	C
V	E	S	H	J	E	H	D	R	Z	X	R	T	N	H	W

BUTIK
BUTONAT
QËNDISJE
SHKENJTE
REHAT
DANTELLA
ELEGANTE
MINIMALIST
MODERNE
MODEST
MODEL
ORIGJINAL
PRAKTIKE
E THJESHTË
I SOFISTIKUAR
STILI
PRIRJE
CILËSI
PËLHURË
VESHJE

44 - Fleurs

N	O	M	I	L	B	U	Q	E	T	Ë	X	L	M	G	V
K	Q	P	J	N	U	M	W	O	F	H	T	I	L	L	X
I	A	Q	P	H	J	L	J	D	L	Z	Z	V	U	X	J
T	O	B	E	D	R	S	Ë	T	L	A	U	A	L	O	H
G	A	R	D	E	N	I	A	K	M	D	G	N	E	E	X
V	I	I	I	R	A	N	T	W	U	J	V	D	D	H	B
B	L	E	K	U	V	I	H	R	U	Q	G	O	I	S	Y
X	O	Y	R	H	A	M	J	I	Ë	N	E	F	E	C	I
L	N	Q	O	Z	G	E	M	T	N	N	F	U	L	S	N
Z	G	T	D	O	R	S	N	O	U	N	D	N	L	U	X
A	A	Ë	A	B	A	A	C	K	A	W	M	A	I	C	W
M	M	R	Q	V	J	J	Z	X	B	U	H	U	F	S	A
B	R	F	L	U	L	E	R	A	D	H	I	Q	E	I	B
A	A	I	N	O	I	S	A	P	E	L	U	L	H	B	L
K	H	L	A	T	E	P	E	L	U	T	Q	K	P	I	T
Y	S	I	A	D	D	A	F	F	O	D	I	L	V	H	B

BUQETË
GARDENIA
HIBISCUS
JASEMINI
DAFFODIL
LIVANDO
JARGAVAN
ZAMBAK
MAGNOLIA
DAISY
ORKIDE
LULE PASIONI
LULËKUQE
PETAL
LULERADHIQE
BOZHURE
TRËNDAFIL
LULEDIELLI
TËRFILI
TULEP

45 - Nourriture #2

B	F	G	K	M	F	X	V	M	L	U	Q	J	Q	L	I
E	J	N	Ë	O	P	G	V	M	S	Q	S	P	Z	T	R
W	A	C	R	L	Z	E	L	W	B	A	E	V	E	Z	Ë
J	M	H	P	L	V	Z	F	P	A	K	O	R	D	U	C
K	Y	U	U	Ë	L	N	U	O	N	I	L	E	S	L	N
B	N	E	D	K	P	J	U	P	A	V	Z	M	X	H	Y
P	R	R	H	Y	O	S	I	S	N	I	R	A	U	I	I
R	M	O	A	Y	R	R	W	L	E	K	C	J	R	F	R
O	A	I	K	Q	I	K	N	Q	V	Z	W	A	J	U	U
S	N	R	H	O	Z	E	P	Z	F	R	X	B	M	U	R
H	G	G	S	D	L	Ç	O	K	O	L	L	A	T	Ë	G
U	O	Q	E	Y	N	I	P	X	E	D	Ë	T	N	X	M
T	H	L	P	D	O	M	A	T	E	P	K	S	N	M	V
Ë	P	A	T	Ë	L	L	X	H	A	N	U	G	F	W	Y
R	R	U	S	H	I	T	B	R	T	E	B	L	R	J	I
W	E	M	E	K	C	F	L	U	K	H	W	J	Ë	Y	N

BAJAME
PATËLLXHAN
BANANE
GRURI
BROKOLI
QERSHI
SELINO
KËRPUDHA
ÇOKOLLATË
PROSHUTË

KIVI
MANGO
VEZË
BUKË
PESHK
MOLLË
PULË
RRUSHIT
ORIZ
DOMATE

46 - Algèbre

W	P	R	O	B	L	E	M	B	R	I	E	G	L	Y	U
Z	G	J	I	D	H	J	E	N	D	B	R	X	D	Q	Q
Q	N	M	W	Z	D	O	H	J	X	Q	A	R	V	J	D
T	F	D	O	Ë	B	T	N	Q	J	I	E	T	E	Ë	Y
R	W	I	W	C	U	R	F	E	S	L	N	V	S	M	J
G	R	A	F	I	K	Y	I	C	P	Z	I	A	A	A	Ë
C	I	U	P	R	T	A	E	T	D	T	L	R	S	R	S
H	I	R	O	T	K	A	F	S	J	A	E	I	I	G	E
U	L	A	U	A	P	P	M	O	N	A	L	A	D	A	Y
L	O	W	A	M	E	A	H	I	R	I	D	B	E	I	H
X	S	V	V	E	J	L	Q	A	K	M	N	Ë	U	D	T
O	Y	L	Q	U	S	L	Z	K	L	C	U	L	O	U	C
N	U	M	Ë	R	C	K	T	H	T	P	F	L	K	D	Z
E	K	U	A	C	I	O	N	I	H	J	A	C	Ë	Q	E
F	R	K	L	P	N	T	N	E	N	O	P	S	K	E	R
T	H	J	E	S	H	T	O	J	N	M	V	O	Y	C	O

DIAGRAMË
EKSPONENT
EKUACIONI
FAKTORI
I RREMË
FORMULË
THYESË
GRAFIK
PAFUND
LINEARE

MATRICË
NUMËR
KLLAPA
PROBLEM
SASI
THJESHTOJ
ZGJIDHJE
ZBRITJA
VARIABËL
ZERO

47 - Océan

S	Q	K	A	N	D	I	L	D	E	T	I	A	P	V	N
J	F	Q	X	T	V	A	R	K	Ë	P	I	R	K	P	Q
Ë	M	U	G	W	E	U	L	S	J	C	C	V	X	E	K
B	I	V	N	E	O	N	X	A	D	R	T	F	S	S	A
D	Q	N	P	G	G	Y	X	Y	J	O	G	U	T	H	R
F	K	Q	X	G	J	C	H	V	J	G	J	L	U	K	K
M	L	Ë	K	H	S	E	R	B	K	E	N	D	H	A	A
J	B	S	D	P	A	J	R	R	O	F	A	G	I	Q	L
D	C	U	N	E	H	S	Y	Q	V	X	I	A	G	E	E
O	E	S	R	S	K	O	R	A	L	I	G	I	O	N	C
P	X	L	D	H	B	A	T	I	C	A	T	T	C	W	A
A	B	M	F	K	M	N	Ë	R	K	P	I	U	Ë	X	M
T	I	K	I	I	A	E	L	T	L	X	K	N	D	U	D
K	E	R	L	R	N	L	A	G	L	O	W	A	E	X	G
O	J	T	K	D	Y	A	V	J	S	J	M	M	T	P	R
T	V	A	F	A	A	B	R	C	G	N	Q	W	I	O	L

NGJALA
BALENA
VARKË
KORAL
GAFORRJA
KARKALECA
DELFIN
SFUNGJER
GOCË DETI
BATICAT
KANDIL DETI
PESHK
OKTAPOD
PESHKAQEN
GUMË
KRIPË
STUHI
TUNA
BRESHKË
VALËT

48 - Remplir

U	L	X	H	S	E	E	M	G	Y	P	T	W	W	M	Y
P	E	T	D	X	C	W	R	U	Y	Q	K	A	D	K	F
F	X	Q	A	N	Y	S	E	B	Z	T	R	O	K	A	P
U	E	B	V	G	B	D	H	W	A	A	P	Z	V	I	A
Ç	R	U	A	M	R	N	A	P	O	G	H	A	F	Ë	R
I	N	O	T	R	A	K	I	Z	O	R	J	V	C	T	K
V	A	L	I	X	H	E	J	G	F	R	A	Z	J	N	Ë
R	U	W	T	Q	S	H	T	D	K	A	T	D	K	A	R
A	D	X	U	O	G	S	J	A	T	J	R	Ë	B	Ç	D
B	F	D	K	Z	U	I	J	R	Y	E	Y	X	H	E	P
N	O	N	D	Q	R	H	N	A	K	A	B	A	T	R	V
O	M	V	H	C	S	S	Y	T	N	G	D	T	W	C	S
Y	X	H	B	M	S	T	G	R	E	I	I	I	O	I	T
G	L	W	M	Y	G	S	C	I	G	E	J	S	O	D	D
H	J	P	X	P	S	G	B	S	E	D	E	E	C	F	U
L	M	L	E	F	N	X	Z	I	L	S	R	D	E	Q	G

FUÇI
LEGEN
KUTI
SHISHE
ARKË
KARTONI
DOSJE
ZARF
ANIJE
SHPORTË
PAKO
TABAKA
XHEP
JAR
ÇANTË
KOVË
SIRTAR
GYP
VALIXHE
VAZO

49 - Antiquités

A	X	Y	J	Y	G	C	P	R	O	H	Ç	D	I	K	K
E	L	Ë	S	O	N	I	I	J	D	N	S	M	O	P	X
K	T	T	W	G	R	L	K	H	T	W	F	T	I	M	V
I	S	N	T	L	M	Ë	T	D	J	G	T	R	R	M	D
T	H	O	A	D	O	S	U	D	F	C	E	U	E	J	I
N	E	K	R	G	N	I	R	D	U	X	F	D	L	W	M
E	K	A	E	Q	E	A	A	D	N	A	K	N	A	L	I
T	U	Z	L	I	D	L	U	L	C	D	S	A	G	O	R
U	L	A	V	K	H	A	E	S	T	I	L	I	R	X	U
A	L	P	B	Q	A	I	N	V	E	S	T	I	M	T	A
K	I	E	B	I	Z	H	U	T	E	R	I	X	J	N	T
M	O	B	I	L	J	E	Ë	R	U	T	P	L	U	K	S
U	Y	U	X	D	E	K	O	R	A	T	I	V	E	R	E
I	V	J	E	T	Ë	R	A	K	V	U	Y	M	M	W	R
G	R	E	U	A	U	C	D	I	H	M	E	F	F	I	N
P	O	A	K	Z	A	Y	M	O	K	T	O	G	M	Y	P

ART	PIKTURA
AUTENTIKE	MONEDHA
BIZHUTERI	ÇMIMI
DEKORATIVE	CILËSIA
ANKAND	RESTAURIMI
ELEGANTE	SKULPTURË
GALERI	SHEKULLI
E PAZAKONTË	STILI
INVESTIM	VLERA
MOBILJE	I VJETËR

50 - Réchauffement Climatique

Z	A	G	H	U	N	Y	K	M	P	J	Y	T	P	E	S
H	P	N	I	U	F	X	R	L	H	U	P	A	A	A	Z
V	O	T	X	O	L	A	L	X	I	J	G	R	E	N	E
I	P	E	R	O	S	I	D	E	J	M	W	T	B	Z	F
L	U	B	D	T	F	S	Z	Z	J	R	A	Ë	A	Z	P
L	L	P	R	A	T	Ë	C	N	E	K	H	S	Q	N	J
I	L	O	Q	E	A	N	Ë	H	D	Ë	T	I	Q	K	I
M	A	M	Y	S	Z	U	K	P	R	V	L	R	A	Q	I
I	T	K	X	Q	I	A	I	S	R	O	W	E	C	U	N
J	A	K	M	D	R	N	T	H	S	E	D	V	Q	C	D
Y	T	O	T	U	K	U	K	K	U	J	D	E	S	W	U
C	K	L	O	H	A	R	R	T	O	J	K	Q	U	D	S
F	U	I	N	O	I	C	A	L	S	I	J	G	E	L	T
J	E	A	R	D	H	M	J	A	U	F	A	W	T	E	R
T	F	M	G	I	K	H	A	B	I	T	A	T	E	T	I
N	D	Ë	R	K	O	M	B	Ë	T	A	R	E	Z	Q	A

ARKTIK
KUJDES
KLIMA
KRIZA
ZHVILLIMI
TË DHËNA
MJEDISORE
ENERGJI
E ARDHMJA
GAZ
BREZAT
QEVERISË
HABITATET
INDUSTRIA
NDËRKOMBËTARE
LEGJISLACIONI
TANI
POPULLATAT
SHKENCËTAR

51 - Ballet

Z	B	H	Y	K	H	P	R	O	V	A	Z	X	S	R	J
E	J	T	I	K	O	R	T	R	A	U	D	C	T	Q	R
G	N	N	L	Y	L	M	Ë	T	I	R	S	E	I	Y	Y
D	A	U	U	B	O	K	P	P	X	D	F	T	L	Z	S
Ë	Z	X	B	G	S	Ë	M	O	N	P	J	Q	I	C	C
R	G	Q	Ë	M	X	N	O	U	Z	R	B	D	S	K	I
A	S	L	C	A	O	D	R	D	Z	I	B	V	F	O	E
T	R	A	N	O	C	S	K	B	Y	I	T	B	Y	R	G
M	S	T	E	Z	V	H	E	H	P	L	K	O	L	E	J
I	C	J	I	Y	O	Ë	S	N	R	K	D	A	R	O	E
C	Y	U	D	S	A	M	T	V	C	C	K	Z	I	G	S
R	A	K	U	Z	T	I	Ë	K	I	N	K	E	T	R	T
Ë	L	S	A	A	N	I	R	E	L	A	B	R	Q	A	N
K	W	U	L	Z	G	B	K	Y	Q	J	C	B	A	F	A
K	F	M	V	E	S	Ë	H	E	R	P	H	S	S	I	U
A	F	T	Ë	S	I	T	E	T	I	S	N	E	T	N	I

DUARTROKITJE
ARTISTIKE
BALERINA
KOREOGRAFI
AFTËSI
KOMPOZITOR
KËRCIMTARË
SHPREHËSE
GJEST
KËNDSHËM
INTENSITETI
MUSKUJT
MUZIKA
ORKESTËR
AUDIENCË
PROVA
RITËM
SOLO
STILI
TEKNIKË

52 - Fruit

A	R	I	T	N	N	O	N	R	Y	V	P	M	H	C	P
R	V	E	L	Q	Y	H	M	Z	R	A	J	B	P	O	O
H	Q	O	U	U	I	U	M	S	K	A	E	M	P	D	R
S	O	U	K	Y	R	B	W	A	J	A	P	A	P	H	T
Ë	N	I	R	A	T	K	E	N	N	P	Ë	L	Y	Z	O
L	L	M	U	W	D	N	N	A	O	G	R	Q	W	K	K
L	T	I	G	M	A	O	A	N	M	T	O	J	A	U	A
O	Y	H	U	U	E	A	N	A	I	I	F	I	G	M	L
M	S	S	S	C	A	E	A	Y	L	H	J	V	B	B	L
M	B	R	N	A	S	V	B	K	P	S	A	I	T	U	I
P	J	E	S	H	K	Ë	A	J	C	U	E	K	R	L	S
Q	U	Q	U	H	M	J	E	D	Ë	R	M	E	H	L	J
L	W	J	W	F	J	C	A	U	S	R	U	S	D	Q	A
D	A	R	D	H	Ë	Z	T	W	Q	Q	K	W	A	H	K
G	W	L	F	O	D	D	G	C	U	T	N	P	E	G	P
Y	T	M	P	L	C	Q	G	K	C	O	F	V	D	I	O

KAJSI
ANANAS
AVOKADO
BANANE
QERSHI
LIMON
FIG
MJEDËR
GUAVA
KIVI
MANGO
PJEPËR
NEKTARINË
PORTOKALLI
PAPAJA
PJESHKË
DARDHË
MOLLË
KUMBULL
RRUSHIT

53 - Technologie

V	T	E	T	B	S	H	F	A	Q	D	X	Q	E	K	I
C	R	F	O	Y	Y	K	Y	K	B	S	O	F	V	Ë	N
F	R	M	V	T	A	U	W	I	D	O	S	J	E	R	T
U	D	O	B	E	M	R	E	T	U	J	P	M	O	K	E
Z	M	H	N	S	Z	A	V	S	N	J	B	L	C	I	R
V	I	R	U	S	I	R	K	I	T	O	C	Z	N	M	N
I	U	Q	B	I	S	E	U	T	E	L	F	H	S	E	E
W	Z	Y	B	F	D	M	K	A	I	R	U	G	I	S	T
D	I	X	H	I	T	A	L	T	T	T	G	O	L	B	I
K	I	D	H	J	G	K	P	S	Ë	E	K	R	A	N	H
L	U	I	Z	O	Z	H	Q	G	D	W	B	E	U	O	X
G	V	R	A	E	L	G	B	A	H	Q	X	U	T	B	F
S	Q	B	S	Z	R	K	L	K	Ë	B	H	T	R	F	L
R	N	U	E	O	J	I	A	Z	N	A	H	F	I	M	T
Q	J	D	M	H	R	F	C	J	A	C	L	O	V	U	F
S	M	O	T	C	N	R	D	X	E	H	J	S	F	V	J

SHFAQ
BLOG
KAMERA
KURSOR
TË DHËNA
EKRAN
DOSJE
INTERNETI
SOFTUER
MESAZH

SHFLETUESI
DIXHITAL
BYTES
KOMPJUTER
FONT
KËRKIME
SIGURIA
STATISTIKA
VIRTUAL
VIRUSI

54 - Musique

I	S	M	W	S	J	J	I	Z	U	Q	Z	P	B	P	Z
N	C	I	N	Z	P	Z	M	O	Y	C	H	N	M	O	V
S	B	K	U	F	G	I	I	Y	R	E	D	K	C	E	G
T	X	R	R	Q	S	E	R	E	E	I	T	I	S	T	L
R	L	O	D	J	R	W	T	X	Y	S	J	N	M	I	F
U	A	F	Q	D	C	L	S	T	E	M	P	O	F	K	G
M	L	O	M	S	B	A	I	J	K	Ë	J	M	W	E	C
E	B	N	J	D	K	K	J	K	I	T	A	R	E	P	O
N	U	U	F	G	V	O	G	R	S	I	I	A	K	B	H
T	M	G	E	E	Y	V	E	J	A	R	J	H	I	A	Y
M	U	Z	I	K	O	R	R	O	L	T	P	P	R	L	P
I	K	K	D	I	H	H	Z	D	K	C	Ë	H	I	A	M
Y	D	L	O	M	H	A	R	M	O	N	I	G	L	D	B
W	O	C	L	T	N	A	K	I	Z	U	M	F	N	Ë	E
X	P	K	E	I	N	O	D	N	Ë	K	O	D	R	Ë	F
D	J	H	M	R	O	E	G	Q	U	X	O	F	Z	R	K

ALBUM
BALADË
KËNDONI
KËNGËTARJA
KLASIKE
REGJISTRIMI
HARMONI
HARMONIK
INSTRUMENT
LIRIKE
MELODI
MIKROFON
MUZIKOR
MUZIKANT
OPERA
POETIKE
RITËM
RITMIKE
TEMPO
VOKAL

55 - L'Entreprise

L	B	M	N	J	Ë	S	I	T	Ë	M	I	A	K	I	Q
S	U	R	U	H	I	D	X	H	T	Q	C	V	U	U	Q
Q	R	E	P	N	F	T	Z	U	F	H	G	X	Z	T	H
P	I	P	R	C	D	S	M	I	T	S	E	V	N	I	U
U	M	U	O	E	V	Ë	T	D	R	U	J	P	K	Z	O
N	E	T	F	V	Q	N	S	T	E	L	A	B	O	L	G
Ë	T	A	E	I	Y	M	T	I	N	B	I	R	Z	W	X
S	K	C	S	T	A	R	U	H	D	R	A	Ë	T	P	I
I	R	I	I	A	I	I	V	T	E	Q	I	Z	E	R	R
M	I	O	O	V	R	T	S	E	T	O	P	N	L	E	A
I	J	N	N	O	T	K	E	Ë	N	X	T	A	M	Z	B
K	U	I	A	N	S	U	N	Q	L	D	E	D	G	A	A
A	E	T	L	I	U	D	Z	N	M	I	I	Z	T	N	G
O	S	U	I	J	D	O	I	H	C	V	C	M	R	T	S
C	K	R	L	Q	N	R	B	V	P	M	G	H	I	I	Z
K	L	A	M	L	I	P	R	O	G	R	E	S	I	M	Q

BIZNES
KRIJUES
VENDIM
PUNËSIMI
GLOBALE
INDUSTRIA
INOVATIVE
INVESTIM
MUNDËSI
PREZANTIM
PRODUKT
PROFESIONAL
PROGRES
CILËSIA
BURIMET
TË ARDHURAT
REPUTACIONI
RREZIQET
TRENDET
NJËSITË

56 - Gouvernement

K	P	T	N	C	I	M	P	R	V	X	A	M	Q	V	P
U	A	G	W	Y	T	I	C	A	R	K	O	M	E	D	O
S	Q	Q	Y	T	E	T	A	R	I	Z	A	R	A	B	L
H	Ë	R	C	I	T	U	K	I	J	G	I	L	E	I	I
T	S	B	O	R	H	K	R	O	S	Ë	Q	Y	J	G	T
E	O	G	X	U	S	S	D	M	M	Ë	V	M	F	A	I
T	R	E	A	L	I	I	R	I	L	B	R	F	E	H	K
U	E	O	V	O	Y	D	F	U	Q	Y	I	A	F	X	A
T	L	C	N	F	D	R	E	J	T	Ë	S	I	V	N	X
A	I	V	X	Ë	S	I	M	B	O	L	F	P	N	A	N
B	V	P	N	T	A	T	J	E	R	D	Ë	T	Z	U	P
T	I	V	Q	X	X	E	P	R	I	Q	M	P	K	R	Q
Z	C	F	H	K	O	M	B	Ë	T	A	R	E	W	Y	Y
B	Z	H	E	Z	U	D	Q	G	P	N	J	V	J	L	A
T	M	O	N	U	M	E	N	T	W	S	O	Y	E	G	Y
Z	U	B	Y	B	I	J	N	H	X	M	U	D	S	P	L

QYTETARI
CIVILE
KUSHTETUTA
DEMOKRACI
TË FOLURIT
DISKUTIM
TË DREJTAT
BARAZI
SHTETI
PAVARËSIA
GJYQËSOR
DREJTËSI
LIRI
LIGJI
MONUMENT
KOMBI
KOMBËTARE
PAQËSORE
POLITIKA
SIMBOL

57 - Randonnée

D	U	J	I	P	X	S	L	A	K	L	Ç	B	S	G	O
I	R	T	T	Ë	W	H	D	E	P	A	R	I	E	N	U
E	O	A	O	R	W	K	Y	Z	K	M	F	H	Z	T	D
L	G	D	M	G	Q	Ë	K	L	I	M	A	S	C	M	I
L	E	L	F	A	N	M	H	S	Y	K	P	I	H	Q	E
P	U	A	T	T	R	B	F	N	O	W	N	L	T	Ë	J
A	D	G	N	I	P	M	A	K	B	G	Q	N	Z	D	T
R	H	R	X	T	I	E	G	Ë	R	N	U	F	W	N	X
Q	Ë	A	V	J	T	B	O	J	U	A	L	R	T	Ë	O
E	Z	X	D	A	I	S	U	D	H	T	L	Z	Ë	R	C
T	U	I	N	Z	M	F	H	B	D	Y	K	Q	K	E	L
J	E	G	A	T	A	I	A	I	O	R	N	N	G	G	B
M	S	X	T	D	S	L	R	N	L	A	S	U	L	C	A
B	D	S	P	R	M	M	T	C	Ë	C	F	X	I	W	V
T	S	J	J	M	Q	Z	Ë	I	T	O	U	N	M	J	E
L	O	R	I	E	N	T	I	M	L	J	L	S	O	Z	V

KAFSHËT
ÇIZME
KAMPING
HARTË
KLIMA
UJI
SHKËMB
TË LODHUR
UDHËZUES
E RËNDË
MOTI
MAL
NATYRA
ORIENTIM
PARQET
GURË
PËRGATITJA
I EGËR
DIELL
SAMITI

58 - Art

P	V	R	A	W	O	S	S	Q	Z	Y	F	E	V	S	K
E	I	W	Ë	Z	M	Ë	H	S	R	E	D	N	M	K	O
R	Z	D	W	N	E	Z	F	P	P	O	Y	D	V	U	M
S	U	L	A	V	J	E	R	R	R	O	M	U	H	L	P
O	A	T	K	F	N	O	M	O	Y	E	X	A	N	P	L
N	L	V	H	U	H	B	Z	R	E	M	H	X	Q	T	E
A	E	P	M	I	N	O	J	I	R	K	Ë	J	V	U	K
L	L	O	B	M	I	S	G	G	T	P	N	Z	E	R	S
E	P	E	V	Z	S	F	T	J	C	E	A	Q	U	Ë	V
H	Ë	Z	B	I	R	E	K	I	M	A	R	E	Q	A	O
G	R	I	V	L	A	X	E	N	U	R	U	T	R	B	R
F	B	U	E	A	L	X	J	A	O	U	T	X	R	J	X
U	Ë	K	F	E	M	D	B	L	X	G	K	C	I	O	Y
Z	R	W	G	R	D	O	U	Q	Z	I	I	U	W	G	P
R	J	D	Q	U	T	W	S	Q	R	F	P	J	K	D	Q
C	A	W	M	S	E	T	H	J	E	S	H	T	Ë	O	Z

QERAMIKE
KOMPLEKS
PËRBËRJA
KRIJONI
PORTRETIZOJNË
SHPREHJE
FIGURA
NDERSHËM
HUMOR
FRYMËZUAR
ORIGJINAL
PIKTURA
PERSONALE
POEZI
SKULPTURË
E THJESHTË
SUBJEKT
SUREALIZMI
SIMBOL
VIZUALE

59 - Nutrition

S	A	L	C	Ë	J	C	I	C	E	M	L	R	T	I	P
V	K	B	W	T	G	V	I	S	K	E	R	O	O	S	R
I	T	C	M	E	E	R	Q	L	R	W	R	K	K	H	O
T	E	Q	T	I	T	U	I	F	Ë	M	C	J	S	Ë	T
A	T	J	N	D	A	H	S	E	P	S	L	N	I	N	E
M	A	V	C	D	Z	D	R	R	F	O	I	R	N	D	I
I	R	L	Z	Y	Ë	I	D	M	Y	E	T	A	Ë	E	N
N	D	I	P	F	R	H	W	E	L	X	E	G	Y	T	A
A	I	R	N	C	E	E	Y	N	K	Ë	D	H	A	S	T
X	H	W	P	B	F	U	N	T	A	O	N	E	E	H	T
D	O	R	F	W	Z	W	I	I	L	A	Ë	G	E	Ë	S
V	B	Y	W	C	V	J	Y	M	O	R	H	W	J	M	H
Y	R	D	W	Y	D	U	B	I	R	O	S	Z	T	E	E
B	A	L	A	N	C	U	A	R	I	M	O	V	E	T	T
H	K	S	C	K	J	I	N	O	T	Ë	Y	C	R	G	X
N	G	R	Ë	N	S	H	Ë	M	Ë	G	R	I	T	D	A

E HIDHUR
OREKSI
KALORITË
NGRËNSHËM
DIETË
TRETJE
ERËZA
BALANCUAR
FERMENTIMI
KARBOHIDRATET
LËNGJET
PESHA
PROTEINAT
CILËSIA
I SHËNDETSHËM
SHËNDETI
SALCË
AROMË
TOKSINË
VITAMINA

60 - Créativité

H	C	G	W	U	U	D	N	R	P	C	F	V	L	A	J
I	C	W	M	B	E	B	D	X	W	B	R	H	H	U	Q
P	P	L	O	W	A	I	J	R	F	M	Y	G	D	T	Q
S	I	Z	X	Y	Z	Q	E	F	Y	Q	M	S	Q	E	M
E	H	O	A	K	O	T	N	D	F	Q	Ë	N	Q	N	P
S	Z	Y	J	C	I	Q	J	E	I	Q	Z	J	H	T	Ë
E	A	F	T	Ë	S	I	A	R	R	J	I	Q	W	I	R
N	M	T	Q	I	S	Ë	T	R	A	Q	M	E	B	C	S
A	I	O	Z	Ë	B	V	I	Z	I	O	N	E	T	I	H
T	U	I	C	T	D	R	A	M	A	T	I	K	E	T	T
N	G	F	G	I	A	R	T	I	S	T	I	K	E	E	Y
O	T	Q	T	U	O	K	R	I	J	U	E	S	V	T	P
P	O	R	Ë	T	A	N	I	J	G	A	M	I	T	I	J
S	I	Y	B	N	I	T	E	T	I	L	A	T	I	V	E
E	L	M	G	I	I	T	E	T	I	S	N	E	T	N	I
S	H	P	R	E	H	J	E	N	D	J	E	S	I	J	A

ARTISTIKE
AUTENTICITETI
QARTËSI
AFTËSI
DRAMATIKE
SHPREHJE
EMOCIONET
IDE
IMAZHI
IMAGJINATË
PËRSHTYPJE
FRYMËZIM
INTENSITETI
INTUITË
KRIJUES
NDJESI
NDJENJAT
SPONTANE
VIZIONET
VITALITETI

61 - Science Fiction

J	Y	G	X	S	L	R	X	T	K	X	L	B	B	A	R
G	A	L	A	K	T	I	K	Ë	F	I	P	O	T	U	R
V	P	F	R	H	A	R	E	R	A	D	N	X	C	D	E
X	R	P	D	J	T	A	B	M	N	R	Y	E	K	P	A
I	J	G	O	L	O	N	K	E	T	K	J	G	M	D	L
F	N	L	S	E	M	E	W	I	A	U	B	J	N	A	I
I	U	E	L	Z	I	K	I	V	S	M	K	S	D	F	S
R	N	T	U	O	K	S	W	Z	T	Z	J	A	R	R	T
P	O	T	U	I	E	O	O	Q	I	T	G	Y	E	K	E
K	I	B	X	R	B	C	P	D	K	P	L	A	N	E	T
X	Z	I	O	E	I	C	E	K	S	T	R	E	M	F	W
J	U	Z	G	T	T	S	L	I	B	R	A	M	J	A	F
M	L	C	O	S	Ë	D	T	O	R	A	K	U	L	L	I
D	I	M	R	I	N	T	L	P	F	N	B	O	T	Ë	Q
C	I	R	G	M	I	H	T	R	Ë	P	H	S	N	P	X
I	M	A	G	J	I	N	A	R	E	F	A	H	X	M	Z

ATOMIKE
KINEMA
SHPËRTHIM
EKSTREM
FANTASTIK
ZJARR
FUTURIST
GALAKTIKË
ILUZION
IMAGJINARE
LIBRA
BOTË
MISTERIOZE
ORAKULLI
PLANET
REALISTE
ROBOTËT
SKENARI
TEKNOLOGJI
UTOPI

62 - Professions #1

A	J	T	Z	R	V	O	D	T	B	V	Y	V	H	E	K
C	V	B	B	F	W	T	J	I	R	A	H	U	J	G	F
T	R	O	D	A	S	A	B	M	A	Y	L	W	F	R	D
G	A	E	K	I	L	U	A	R	D	I	H	E	B	T	Q
D	T	L	D	A	P	S	I	K	O	L	O	G	R	S	V
O	E	V	R	A	T	Ë	C	N	E	K	H	S	E	I	T
K	U	V	Y	U	K	Z	E	K	S	X	H	M	N	N	N
T	J	S	D	Y	Z	T	G	P	J	G	B	Q	J	A	A
O	G	Q	Y	W	S	M	O	N	O	R	T	S	A	I	K
R	O	R	Q	V	A	U	P	R	Z	J	Q	A	R	P	I
Y	L	Z	J	A	R	R	F	I	K	Ë	S	A	T	I	Z
Q	O	L	C	L	B	H	A	R	T	O	G	R	A	F	U
V	E	R	E	I	M	R	E	F	N	I	D	G	V	B	M
C	J	V	E	T	E	R	I	N	E	R	R	T	E	A	O
X	G	F	M	Y	B	A	N	K	I	E	R	V	K	D	B
S	K	P	F	Y	R	Y	H	N	I	P	B	C	Y	S	F

AMBASADOR
ASTRONOM
AVOKAT
BANKIER
GJUHARI
HARTOGRAF
GJUETAR
BALERIN
TRAJNER
REDAKTOR
GJEOLOG
INFERMIERE
DOKTOR
MUZIKANT
PIANIST
HIDRAULIK
ZJARRFIKËS
PSIKOLOG
SHKENCËTAR
VETERINER

63 - Géologie

T	Z	S	E	S	H	S	U	P	D	Y	Z	R	N	T	E
M	O	H	L	R	T	E	L	A	R	E	N	I	M	M	B
T	M	K	A	L	O	A	K	L	A	V	A	N	U	R	X
N	T	R	T	L	C	Z	L	O	E	C	N	O	I	B	Y
E	L	I	S	O	F	W	I	A	R	D	J	S	C	S	M
N	P	R	I	A	C	I	D	O	K	A	A	U	L	H	C
I	C	Ë	R	B	R	U	G	H	N	T	L	K	A	P	T
T	G	S	K	U	A	D	U	Y	A	I	I	A	K	E	K
N	B	E	M	P	U	K	R	N	K	G	T	T	P	L	R
O	O	R	Z	G	K	L	E	M	L	O	L	G	L	L	I
K	P	T	Z	O	N	Ë	Z	L	L	U	G	W	L	Ë	P
B	L	H	S	G	S	K	J	L	U	R	B	B	A	E	Ë
L	F	S	B	K	U	L	E	O	V	M	B	V	J	Q	E
H	R	H	T	K	J	X	G	D	W	R	Y	I	Ë	N	U
C	Z	M	B	J	F	O	I	W	L	F	Z	J	F	Y	Z
L	D	Z	N	W	C	C	W	R	F	K	A	M	T	D	F

ACID
KALCIUM
SHPELLË
KONTINENT
KORAL
SHTRESË
KRISTALE
EROZIONI
SHKRIRË
FOSILE
GEJZER
LAVA
MINERALET
GUR
PLLAJË
KUARC
KRIPË
STALAKTIT
VULLKAN
ZONË

64 - Jardin

R	L	R	G	Y	V	H	A	R	D	H	I	S	Ë	N	Z
H	Y	U	B	D	E	E	B	B	N	D	P	K	U	Z	A
T	O	Q	G	Z	R	Z	X	D	L	L	R	Y	T	C	T
T	K	B	R	X	A	K	M	E	Q	O	U	U	O	R	X
G	H	X	N	C	N	A	R	Q	X	T	W	L	L	D	A
D	K	Ç	E	H	D	R	A	G	Q	S	Y	I	E	G	Y
Ë	F	O	E	X	Ë	M	E	P	Q	O	C	Q	F	A	Y
M	T	R	T	R	A	M	P	O	L	I	N	Ë	J	R	F
A	J	A	R	M	F	I	W	K	L	J	N	T	N	A	O
L	F	P	P	M	V	A	W	X	Z	L	A	I	D	Z	G
H	Ë	E	U	O	P	E	M	I	S	H	T	E	A	H	O
A	J	N	L	L	L	P	X	X	Ë	J	U	B	A	R	G
M	G	G	D	P	E	L	L	G	K	O	P	S	H	T	D
A	Z	M	C	I	R	A	B	T	O	Q	T	Y	S	J	T
K	W	V	I	H	N	Y	M	Y	T	M	Z	O	U	P	Q
G	R	C	R	B	I	Ë	C	A	R	R	A	T	B	X	X

PEMË
STOL
BUSH
GARDH
PELLG
LULE
GARAZH
HAMAK
BARI
KOPSHT
LOPATË
LËNDINË
VERANDË
GRABUJË
TOKËS
TARRACË
TRAMPOLINË
ÇORAPE
PEMISHTE
HARDHISË

65 - Santé et Bien Être #1

F	P	R	S	T	X	N	U	Q	R	D	C	H	K	H	V
R	J	O	I	R	L	F	X	Y	B	C	A	O	O	C	D
A	Z	D	S	O	D	P	Y	Q	I	S	U	R	I	V	M
K	X	A	Ë	T	A	K	C	O	K	R	M	M	O	D	D
T	O	I	K	K	U	Q	H	F	Y	S	A	O	T	J	G
U	S	R	E	O	O	R	Y	A	A	K	I	N	I	L	K
R	S	U	J	D	N	U	A	R	I	E	S	E	M	R	S
Ë	D	S	M	O	O	M	X	M	P	L	Ë	T	U	A	H
M	C	Z	R	Z	K	H	V	A	A	F	T	O	S	K	N
B	A	K	T	E	R	E	T	C	R	E	R	S	K	T	D
J	T	L	G	P	C	D	G	I	E	R	A	P	U	I	Q
E	C	P	Ë	H	R	D	R	M	T	D	L	O	J	V	G
A	E	Q	R	N	L	Ë	K	U	R	Ë	S	T	T	Z	O
H	X	Q	W	S	D	W	B	X	R	R	M	J	X	B	L
E	K	A	E	B	A	I	E	T	R	A	J	T	I	M	I
V	Y	D	U	V	D	Z	M	U	C	V	Z	E	F	Z	W

AKTIV
BAKTERET
LËNDIM
KLINIKA
URIA
FRAKTURË
ZAKON
LARTËSIA
HORMONET
DOKTOR
MJEKËSI
MUSKUJT
KOCKAT
LËKURËS
FARMACI
POSTURA
REFLEKS
TERAPIA
TRAJTIMI
VIRUSI

66 - Barbecues

Q	N	G	X	M	V	T	M	Z	S	V	A	L	U	S	V
S	A	L	L	A	T	A	K	R	A	D	E	O	J	A	U
D	M	K	W	R	L	T	R	A	D	A	T	Z	Q	L	A
O	U	L	I	L	S	U	K	Ë	K	R	I	P	Ë	C	J
M	Z	X	P	H	O	R	K	H	J	D	O	F	J	Ë	R
A	I	V	U	Ë	T	F	T	I	W	O	L	T	I	P	S
T	K	P	E	R	I	M	E	T	K	Y	L	Y	M	E	U
E	A	N	X	E	H	T	Ë	S	G	O	M	H	Ë	Q	P
M	D	N	D	V	O	S	J	R	X	Y	G	Z	F	T	Q
W	R	E	P	I	P	C	L	P	D	C	U	K	H	G	B
Z	E	J	L	I	M	A	F	O	J	N	E	Y	A	X	A
L	K	Q	R	P	O	S	I	R	J	V	H	U	T	C	L
Y	Ë	X	A	T	U	D	N	U	B	M	O	C	W	V	C
W	T	S	W	G	J	L	T	R	B	S	Z	Y	F	J	L
A	B	A	J	F	L	I	Ë	I	F	S	V	D	E	Z	I
P	F	L	O	G	V	R	S	A	O	H	G	Q	B	O	G

NXEHTË
THIKA
DREKË
DARKA
FËMIJË
VERË
URIA
FAMILJE
FRUTA
VUAJ
LOJËRA
PERIMET
MUZIKA
QEPË
PIPER
PULË
SALLATA
SALCË
KRIPË
DOMATE

67 - Forêt Tropicale

S	W	K	M	J	F	V	L	S	Q	K	Q	K	M	L	Z
R	T	H	P	U	Y	H	P	L	T	T	I	L	Y	B	X
L	J	L	I	J	T	Y	T	Q	O	R	N	P	S	V	A
A	S	E	T	E	J	I	B	M	L	J	E	X	H	M	V
U	V	K	E	S	X	G	G	J	N	W	E	H	K	M	I
D	R	I	T	E	T	I	N	U	M	O	K	T	Ë	A	N
I	E	N	A	Y	R	D	A	X	H	U	N	G	Ë	L	S
G	S	A	M	L	G	Y	T	K	L	I	M	A	R	R	E
J	T	T	F	E	Z	B	Y	Ë	Y	F	C	H	E	E	K
E	A	O	I	Q	A	F	R	N	R	T	U	G	L	S	T
N	U	B	B	X	A	C	A	W	N	A	P	W	V	P	E
V	R	N	Ë	R	U	A	J	T	J	A	T	D	E	E	T
X	I	J	T	B	B	V	W	L	F	X	T	I	M	K	P
N	M	D	I	V	E	R	S	I	T	E	T	I	J	T	G
M	I	R	E	T	Ë	T	J	G	O	Z	Q	M	W	G	G
G	H	G	E	P	B	M	Y	L	D	E	T	Y	K	I	K

AMFIBËT
BOTANIK
KLIMA
KOMUNITETI
DIVERSITETI
LLOJET
AUDIGJEN
INSEKTET
XHUNGËL
GJITARËT
MYSHK
NATYRA
RETË
ZOGJTË
ME VLERË
RUAJTJA
STREHË
RESPEKT
RESTAURIMI
MBIJETESA

68 - Insectes

N	O	G	K	S	G	Z	O	S	M	W	F	G	O	P	W
X	Y	L	M	N	N	R	C	I	W	A	G	L	C	Z	X
U	F	A	E	K	A	Z	E	T	K	I	P	H	T	W	E
A	K	R	C	V	S	R	L	N	I	R	I	H	E	B	V
W	I	V	M	T	C	U	A	A	Z	I	B	M	I	R	K
R	Ë	A	P	O	I	D	K	M	Ë	Ë	U	B	L	D	M
P	N	D	I	U	C	R	R	E	R	C	P	K	L	P	U
Z	O	U	L	B	A	D	A	J	B	M	P	A	U	G	S
D	G	D	I	K	D	Z	K	G	L	S	D	R	B	S	H
E	N	C	V	X	A	T	G	N	A	J	C	K	M	M	K
F	I	P	E	G	F	E	M	E	D	U	G	A	U	Z	O
V	L	D	S	F	I	R	P	V	Y	R	A	L	R	D	N
G	I	U	Ë	O	D	M	X	E	B	L	U	E	B	A	J
V	M	M	T	M	V	I	Y	C	U	B	A	C	A	K	Ë
X	X	O	S	U	P	T	A	N	G	L	K	I	I	T	R
B	L	E	T	Ë	R	P	L	E	S	H	T	S	N	L	X

BLETË
KACABU
CICADA
LADYBUG
KARKALECI
MILINGONË
BRËZI
GRENZË
LARVA
PILIVESË
MANTIS
GNAT
MUSHKONJË
FLUTUR
PLESHT
APHID
KARKALEC
BRUMBULLI
TERMIT
KRIMBI

69 - Ferme #1

P	F	O	X	S	N	P	P	F	W	B	N	M	X	L	G
V	I	Ç	C	S	G	L	Q	G	O	I	O	W	X	J	A
S	O	R	R	Ë	O	E	E	I	D	Z	E	T	U	A	R
O	M	L	R	L	M	H	N	X	M	O	I	E	M	J	D
B	X	Z	M	A	A	H	S	U	F	N	K	R	L	W	H
P	J	D	A	K	R	H	Y	S	C	E	E	Y	O	G	X
V	C	Q	J	D	N	O	L	R	Y	Z	S	N	P	J	Y
L	D	V	U	U	U	D	U	I	Q	T	I	T	Ë	K	P
N	E	B	Y	Q	T	U	J	Z	I	O	C	R	N	R	B
X	G	Z	M	E	J	R	I	M	G	A	E	O	A	K	N
B	B	U	J	Q	Ë	S	I	A	A	D	A	H	S	K	U
E	L	S	E	T	T	J	H	H	O	C	C	H	V	O	A
U	L	E	X	P	L	M	D	C	G	A	E	H	B	P	Y
Q	D	C	T	V	A	J	M	N	P	U	L	Ë	F	E	Y
Z	L	C	F	Ë	J	B	M	X	T	F	D	N	O	Z	Q
J	L	Q	G	D	M	G	R	W	A	D	N	V	Q	I	Z

BLETË
BUJQËSIA
GOMAR
BIZON
FUSHA
MACE
KALË
DHI
QEN
GARDH
SORRË
UJI
PLEH
SANË
MJALTË
PULË
ORIZ
KOPE
LOPË
VIÇ

70 - Antarctique

A	U	S	E	K	S	P	E	D	I	T	Ë	S	B	B	W
F	K	J	P	C	W	I	W	M	X	O	B	I	G	S	C
S	E	U	I	D	U	T	S	N	R	X	D	H	U	C	C
G	R	M	L	Z	U	E	B	Q	F	V	A	P	J	H	I
A	O	I	R	L	S	F	T	U	H	Y	F	K	I	V	J
D	C	N	A	U	N	T	Ë	U	M	M	Y	J	U	F	D
I	N	E	I	I	G	A	T	T	X	J	A	P	K	L	D
S	E	R	F	F	V	N	J	H	U	E	I	F	M	T	L
H	K	A	A	A	L	E	G	A	A	D	G	T	U	J	X
U	H	L	R	R	X	L	O	D	T	I	M	J	O	D	B
L	S	E	G	G	T	A	Z	Q	M	S	I	U	I	E	X
L	Z	T	O	O	P	B	V	J	Y	X	G	H	K	V	X
T	E	M	P	E	R	A	T	U	R	A	R	S	O	I	V
L	C	Y	O	J	T	Y	X	W	C	H	I	I	R	E	J
L	M	B	T	G	C	W	F	P	C	C	M	B	X	H	Q
R	U	A	J	T	J	E	T	N	E	N	I	T	N	O	K

GJI
BALENAT
STUDIUES
RUAJTJE
KONTINENT
UJI
MJEDIS
EKSPEDITË
GJEOGRAFI
AKULL

AKULLNAJAT
ISHUJT
MIGRIMI
MINERALET
ZOGJTË
GADISHULL
ROKI
SHKENCORE
TEMPERATURA
TOPOGRAFIA

71 - Professions #2

K	O	P	S	H	T	A	R	F	F	I	A	I	V	A	S
U	G	I	A	Z	N	C	E	Q	I	K	J	E	W	S	L
E	S	T	U	D	I	U	E	S	L	B	N	Q	R	T	A
U	K	B	Y	V	U	B	X	R	O	T	K	I	P	R	L
G	S	S	T	B	C	U	L	S	Z	R	I	S	Q	O	F
O	J	E	D	X	W	M	D	J	O	I	V	Ë	V	N	O
L	I	U	G	P	B	D	O	U	F	V	I	K	B	A	T
O	N	S	H	O	L	E	B	F	R	I	V	I	U	U	O
I	X	Ë	B	Ë	W	D	M	P	W	T	O	P	Q	T	G
B	H	M	E	I	T	S	I	T	N	E	D	H	W	K	R
H	I	M	U	X	O	A	K	M	K	T	A	S	S	I	A
L	N	Z	O	U	L	Z	R	A	T	E	Z	A	G	R	F
I	I	D	B	B	I	K	M	P	O	D	J	Q	O	U	P
Q	E	D	D	Y	P	B	G	J	Z	H	O	M	T	R	Y
V	R	B	B	I	B	L	I	O	T	E	K	A	R	G	Z
I	L	U	S	T	R	U	E	S	Z	O	O	L	O	G	W

ASTRONAUT
BIBLIOTEKAR
BIOLOG
STUDIUES
KIRURG
DENTISTI
DETETIVI
MËSUES
ILUSTRUES
INXHINIER
SHPIKËSI
KOPSHTAR
GAZETAR
GJUHËTAR
MJEK
PIKTOR
FILOZOF
FOTOGRAF
PILOT
ZOOLOG

72 - Les Abeilles

B	H	Q	J	Y	L	F	S	C	V	Z	B	Q	P	I	R
X	B	C	W	K	E	E	S	V	X	O	I	W	V	Q	O
A	T	U	R	F	W	I	N	R	S	B	M	B	F	T	M
E	O	S	Q	V	A	R	E	L	G	K	Ë	H	A	R	K
K	D	H	M	U	Y	Q	X	Q	J	A	T	M	B	M	S
O	I	Q	S	V	I	L	U	L	E	N	L	E	G	K	B
S	V	I	H	S	C	N	T	B	U	R	D	L	N	A	S
I	E	M	F	H	T	H	S	T	K	O	S	H	E	R	E
S	R	Ë	T	L	A	J	M	E	I	Y	K	U	L	I	S
T	S	H	A	K	B	D	O	Y	K	D	M	U	O	K	D
E	I	S	T	D	Y	L	L	I	T	T	U	M	P	B	D
M	T	I	I	Ç	E	L	K	I	Y	J	Z	X	Z	N	O
I	E	B	B	K	U	N	S	O	M	Z	I	Z	M	I	C
Z	T	O	A	M	B	R	E	T	Ë	R	E	S	H	A	A
Q	I	D	H	I	O	L	X	K	O	P	S	H	T	U	U
P	V	I	K	A	G	H	I	F	J	R	R	D	H	D	P

KRAHË
I DOBISHËM
DYLLI
DIVERSITETI
MUZI
EKOSISTEMI
ÇEL
LULE
FRUTA
TYM
HABITAT
INSEKT
KOPSHT
MJALTË
USHQIM
BIMËT
POLEN
MBRETËRESHA
KOSHERE
DIELL

73 - Santé et Bien Être #2

V	A	F	L	O	Y	F	A	I	M	O	T	A	N	A	N
D	G	S	R	U	E	J	D	N	U	M	Ë	S	I	F	S
V	I	T	A	M	I	N	A	O	L	E	A	S	Q	Q	S
M	L	E	V	O	L	D	T	I	T	Y	T	A	A	M	P
O	K	Z	M	R	B	R	C	S	H	Ë	R	I	M	Q	I
C	H	I	Z	C	D	Y	K	K	L	J	X	X	M	M	T
N	Z	P	M	Ë	H	S	T	E	D	N	Ë	H	S	I	A
K	A	L	O	R	I	M	Z	F	U	P	O	N	J	T	L
T	H	I	A	L	S	Y	R	N	U	X	I	G	J	A	K
R	S	S	C	L	K	N	T	I	M	S	L	A	Y	R	P
U	E	T	I	R	E	Y	Q	H	S	U	Ë	T	S	D	E
P	P	B	S	G	R	R	M	A	S	A	Z	H	T	I	M
I	Z	Q	F	A	O	C	G	V	G	F	J	X	R	H	O
Y	W	C	K	G	V	P	I	J	G	R	E	N	E	E	Q
G	J	E	N	E	T	I	K	A	I	I	B	Z	S	D	I
H	I	G	J	I	E	N	A	K	Y	A	F	M	I	S	Q

ALERGJIA
ANATOMIA
OREKSI
KALORI
TRUPI
DEHIDRATIM
ENERGJI
GJENETIKA
SPITAL
HIGJIENA
INFEKSIONI
SËMUNDJE
MASAZH
TË USHQYERIT
PESHA
SHËRIM
I SHËNDETSHËM
GJAK
STRESI
VITAMINA

74 - Conduite

K	K	K	C	Y	M	S	X	M	H	F	K	G	J	F	B
H	C	Y	E	P	A	O	I	H	P	H	X	A	X	A	A
D	Q	A	S	C	V	K	T	G	R	P	B	R	L	U	H
U	L	W	M	P	M	B	S	O	U	S	K	A	I	T	G
K	Ë	M	B	Ë	S	O	R	I	R	R	S	Z	Ç	O	A
I	T	T	Z	P	M	D	Z	R	D	L	I	H	E	B	Z
F	R	R	I	O	A	V	H	R	G	E	T	A	N	U	L
A	A	A	F	L	K	R	C	U	H	N	N	R	S	S	M
R	H	N	R	I	I	R	P	G	A	U	T	T	Ë	L	X
T	J	S	E	C	N	E	O	Ë	H	T	O	Q	Y	P	T
C	O	P	N	I	A	Z	S	H	P	E	J	T	Ë	S	I
Y	A	O	A	A	F	I	U	L	M	P	V	G	M	B	W
S	T	R	T	Y	N	K	P	I	P	U	E	E	F	K	B
R	W	T	B	R	H	D	T	O	U	V	L	E	B	Y	W
A	B	I	F	M	C	K	A	M	I	O	N	U	K	Z	F
K	A	R	B	U	R	A	N	T	K	O	I	X	M	Q	J

AKSIDENT
AUTOBUS
KAMION
KARBURANT
HARTË
RREZIK
FRENAT
GARAZH
GAZ
LIÇENSË
MOTOR
KËMBËSOR
POLICIA
RRUGË
SIGURIA
TRAFIKU
TRANSPORTI
TUNEL
SHPEJTËSI
MAKINA

75 - Plantes

R	Y	I	W	A	P	L	M	Z	K	U	T	G	F	U	A
S	R	N	I	H	D	E	J	R	R	I	X	V	B	R	I
A	R	Ë	M	E	P	B	T	P	L	M	S	D	F	R	S
W	E	R	N	L	X	H	P	A	R	O	L	F	X	I	Ë
L	U	L	E	J	G	V	H	X	L	I	L	W	D	T	M
P	S	Y	Z	E	Ë	K	O	P	S	H	T	C	X	U	I
F	C	P	B	I	H	O	F	Ë	K	I	N	A	T	O	B
R	J	L	L	B	P	H	S	V	A	H	R	X	X	H	H
T	B	Y	B	Z	E	J	J	G	K	E	S	L	A	R	J
S	L	U	I	V	F	Q	F	I	T	L	I	Y	O	A	I
L	J	W	F	K	R	V	A	V	U	P	V	B	M	Q	C
G	J	E	T	H	P	I	S	Q	S	Y	K	X	N	W	B
Z	Q	O	A	K	R	N	U	H	K	L	E	R	C	E	A
Y	F	W	L	J	Y	P	L	I	T	L	B	P	Z	U	R
T	X	D	K	N	G	G	E	V	B	U	S	H	D	J	I
B	A	M	B	U	L	U	Y	Y	J	C	N	U	D	T	W

PEMË
BAMBU
BOTANIKË
BUSH
KAKTUS
PLEH
GJETH
LULE
FLORA
PYLL
RRITU
FASULE
BARI
KOPSHT
IVY
MYSHK
PETAL
RRËNJË
RRJEDHIN
BIMËSIA

76 - Ferme #2

L	M	J	A	P	M	D	W	W	Y	M	G	D	Q	T	W
U	I	F	Y	Y	P	D	L	W	D	I	P	E	E	N	M
E	R	V	F	K	I	E	S	R	F	H	V	L	N	A	X
B	U	U	A	R	Y	Q	R	A	Y	J	H	E	G	P	B
J	R	L	S	D	T	U	W	I	U	Q	U	J	J	N	T
Q	G	U	K	K	H	S	T	Y	M	D	N	T	X	H	L
X	U	W	A	V	S	H	G	O	S	E	M	I	S	R	I
F	R	U	T	A	Ë	Q	X	M	H	U	C	J	P	O	N
T	U	I	Ë	M	M	I	E	L	B	L	H	U	E	T	F
S	K	R	H	A	U	M	F	G	B	B	Y	G	M	K	E
V	E	A	S	L	Q	J	G	D	Z	E	S	Y	I	A	R
A	J	B	F	L	F	K	C	S	S	X	N	F	S	R	M
I	P	R	A	B	M	A	H	S	R	B	D	A	H	T	E
I	U	W	K	Q	M	X	K	M	J	O	Y	X	T	H	R
B	L	A	X	T	H	J	U	J	V	P	S	I	E	W	A
X	Q	H	U	N	K	S	I	S	O	D	T	A	C	X	D

QENGJ
FERMER
KAFSHËT
BARIU
GRURI
ROSA
FRUTA
HAMBAR
UJITJE
QUMËSHT
LLAMA
PERIME
MISRI
DELE
PJEKUR
USHQIM
ELB
LIVADH
TRAKTOR
PEMISHTE

77 - Vacances #2

K	T	R	H	S	M	Q	S	A	D	R	L	I	R	E	R
O	R	Ë	D	A	Ç	V	T	J	Y	O	T	A	E	L	J
H	A	A	P	I	N	O	I	C	A	N	I	T	S	E	D
A	N	J	L	S	D	D	I	W	Z	U	I	S	T	T	H
E	S	A	A	K	M	E	J	Y	I	K	H	E	O	O	I
L	P	C	Z	A	Q	T	T	E	V	C	F	I	R	H	H
I	O	L	H	T	A	E	R	O	P	O	R	T	A	E	A
R	R	L	P	P	F	M	O	H	K	N	L	I	N	Y	R
Ë	T	U	Q	A	W	I	R	Q	X	A	F	R	T	P	T
M	I	H	A	Q	D	V	V	D	M	I	M	E	K	I	Ë
P	A	S	A	P	O	R	T	Ë	Z	R	I	P	P	R	U
G	T	I	Z	G	D	E	A	T	R	T	D	O	I	C	O
X	G	V	W	C	U	Z	F	R	D	Z	T	Y	Q	N	R
T	Z	W	Q	W	Y	E	U	E	W	U	Q	J	C	Y	G
R	W	C	U	N	E	R	N	N	U	D	H	Ë	T	I	M
F	O	T	O	G	R	A	F	I	T	Ë	L	R	U	W	L

AEROPORT
KAMPING
HARTË
DESTINACIONI
I HUAJ
HOTEL
ISHULL
KOHA E LIRË
DET
PASAPORTË
FOTOGRAFITË
PLAZH
RESTORANT
REZERVIMET
TAKSI
ÇADËR
TREN
TRANSPORTI
VIZA
UDHËTIM

78 - Éthique

W	N	D	I	P	L	O	M	A	T	I	K	E	N	V	D
Y	G	J	N	D	E	R	S	H	M	Ë	R	I	A	L	A
E	I	T	E	T	I	R	G	E	T	N	I	Q	M	E	S
G	I	Y	Q	R	Q	Q	S	G	X	R	H	Ë	Ë	R	H
C	T	G	L	I	Ë	T	U	Q	N	B	Q	C	H	A	A
A	E	K	V	M	F	Z	Z	U	H	R	S	N	S	T	M
A	T	A	I	I	D	Q	I	M	Z	I	L	A	E	R	I
H	I	G	M	N	D	S	T	M	A	S	F	R	U	I	R
A	L	T	R	U	I	Z	M	I	I	Ë	H	E	T	F	Ë
D	A	E	K	P	O	H	T	W	I	R	D	L	K	O	S
U	N	T	H	Ë	A	K	C	E	G	I	E	O	E	Z	V
R	O	I	C	K	J	M	Ë	Z	I	M	I	T	P	O	X
I	I	J	I	H	U	R	T	Ë	S	I	X	F	S	L	Q
M	C	N	Z	S	T	W	C	U	Z	S	F	F	E	I	Q
M	A	I	Z	A	T	I	B	O	O	P	F	R	R	F	A
K	R	D	Y	B	E	A	R	S	Y	E	S	H	M	E	E

ALTRUIZMI
DASHAMIRËS
BASHKËPUNIMI
DINJITET
DIPLOMATIKE
MIRËSI
NDERSHMËRIA
NJERËZIMI
INTEGRITETI
OPTIMIZËM
DURIM
FILOZOFI
E ARSYESHME
RACIONALITETI
RESPEKTUESHËM
REALIZMI
URTËSI
TOLERANCË
VLERAT

79 - Temps

R	D	W	D	D	X	C	S	N	O	L	W	I	D	C	M
U	W	M	F	E	J	S	Ë	S	H	P	E	J	T	I	I
R	D	J	E	E	K	E	R	M	O	G	K	A	K	D	N
S	B	W	D	N	Q	A	R	A	P	T	L	U	E	I	U
C	R	W	A	I	B	Z	D	C	E	B	T	M	V	T	T
L	T	V	J	E	T	O	R	E	M	T	A	N	I	A	Ë
U	V	K	M	D	X	E	A	G	E	F	V	H	L	P	T
J	J	A	H	P	L	S	D	H	S	E	J	G	N	Ë	M
Z	A	K	D	D	W	B	N	S	D	G	U	L	A	V	S
F	V	M	R	B	L	Z	E	I	I	S	X	F	L	I	H
H	A	Y	A	I	Z	F	L	D	T	R	O	D	F	T	E
D	C	Y	E	G	S	H	A	K	Ë	A	Y	T	V	I	K
V	M	R	L	B	U	Q	K	G	O	X	O	S	E	L	U
O	W	C	U	N	S	K	V	R	U	H	B	S	I	Q	L
R	J	P	R	R	E	O	H	M	I	G	P	X	G	Z	L
Ë	T	A	N	D	K	I	P	U	Q	G	P	A	S	H	I

VITI
VJETOR
PAS
SOT
PARA
SË SHPEJTI
KALENDAR
DEKADE
E ARDHMJA
ORË
DJE
DITA
TANI
MËNGJES
MESDITË
MINUTË
MUAJ
NATË
JAVA
SHEKULLI

80 - Maison

H	H	D	R	A	G	V	K	O	D	Q	S	S	F	U	Y
P	Z	B	P	W	P	X	M	I	L	I	Q	K	W	F	B
K	A	H	X	O	U	L	H	R	V	T	R	E	S	C	R
Y	R	S	A	Z	X	Y	M	A	D	A	H	X	V	K	Q
X	A	U	Q	C	D	L	J	R	K	Ç	N	Y	J	J	P
V	G	D	C	Y	W	T	S	B	Y	E	O	B	H	T	D
U	R	T	G	E	R	A	T	I	R	D	F	R	V	M	D
U	R	C	H	F	U	Ë	L	L	O	X	I	M	A	A	F
M	U	P	B	C	M	K	V	L	M	U	H	L	R	E	D
J	T	I	K	H	J	S	U	T	A	S	Ë	L	E	Ç	R
L	P	E	R	D	E	Q	Z	Z	Ë	M	O	H	D	Z	Z
F	S	H	E	S	Ë	A	Z	X	H	P	B	R	Z	H	S
P	A	P	A	F	I	N	G	O	G	I	H	Ë	W	I	E
R	H	V	Z	J	P	Z	H	P	L	O	N	S	V	R	J
S	T	A	V	A	N	M	D	M	D	G	C	A	J	Z	Q
V	K	O	K	O	P	S	H	T	M	N	Z	V	C	Q	M

FSHESË
LIBRARI
DHOMË
OXHAK
ÇELËSAT
GARDH
KUZHINA
DUSH
DRITARE
GARAZH
PAPAFINGO
KOPSHT
LLAMBË
PASQYRË
MUR
TAVAN
DERA
PERDE
QILIM
ÇATI

81 - Légumes

S	A	T	O	R	R	A	K	W	J	Y	I	X	K	B	P
J	H	Q	P	G	T	R	S	J	B	S	X	H	A	I	M
L	D	A	E	A	U	L	L	I	R	I	Q	E	S	Z	Q
R	U	N	L	J	T	J	T	X	W	C	E	N	T	E	A
S	P	I	G	L	R	Ë	H	D	U	H	P	X	R	L	R
E	R	P	C	A	O	U	L	X	M	U	Ë	H	A	E	M
L	Ë	S	Z	T	Ë	T	A	L	L	A	S	E	V	O	W
I	K	U	N	G	U	L	L	M	X	A	Z	F	E	Q	Q
N	B	R	O	K	O	L	I	H	A	H	U	I	C	C	K
O	H	F	M	U	X	H	Ë	J	X	J	A	L	B	Y	Y
V	P	P	Y	V	Ë	K	P	E	R	R	D	N	R	B	Y
H	B	L	X	R	H	Q	E	T	Q	V	M	A	U	V	P
W	W	F	U	U	A	J	R	A	N	I	J	G	N	A	N
Y	V	H	Y	Q	S	V	R	M	R	U	F	S	M	O	W
F	D	G	E	T	W	X	I	O	G	V	Z	L	V	F	Z
O	V	N	L	E	R	I	C	D	U	A	C	I	E	P	I

HUDHËR
ANGJINARJA
PATËLLXHAN
BROKOLI
KARROTA
SELINO
KËRPUDHA
KUNGULL
KASTRAVEC
SHALLOT
SPINAQ
XHENXHEFIL
RREPË
QEPË
ULLIRI
MAJDANOZ
BIZELE
RREPKË
SALLATË
DOMATE

82 - Famille

O	F	S	X	Q	E	T	W	H	Q	J	V	Q	H	M	L
I	R	Ë	H	S	U	K	J	A	L	V	B	X	P	Y	E
Q	N	N	M	J	T	A	C	L	S	F	X	T	B	Z	R
O	O	Ë	P	I	P	I	N	L	O	N	D	T	T	U	O
V	W	N	G	H	J	B	U	Ë	N	M	M	O	T	Ë	R
H	V	N	W	S	V	Ë	C	Y	C	P	I	P	E	V	Ë
R	J	Y	K	Y	L	A	N	Ë	N	I	H	Y	G	B	T
D	K	J	V	J	V	A	J	H	S	Y	J	G	E	G	A
N	E	P	H	G	N	B	I	Z	H	X	B	L	F	J	M
X	W	L	A	O	C	A	L	L	Ë	V	J	K	P	Y	B
H	D	F	I	R	B	B	U	N	P	P	X	U	U	C	E
A	X	K	Y	S	I	L	P	B	U	R	R	I	M	O	S
X	G	R	U	A	J	A	I	R	Ë	J	I	M	Ë	F	Ë
H	H	B	E	P	A	R	A	A	R	D	H	Ë	S	Q	G
A	X	Q	F	L	I	Y	R	L	Z	V	V	R	R	P	L
I	H	F	A	W	A	U	W	U	Q	L	L	A	O	V	I

PARAARDHËS
KUSHËRI
FËMIJËRIA
FËMIJË
GRUAJA
VAJZË
VËLLA
GJYSHJA
GJYSHI
BURRI
NËNËS
NËNA
NIPI
MBESË
XHAXHAI
ATËRORE
BABA
MOTËR
HALLË

83 - Oiseaux

P	E	S	Q	K	P	K	D	R	P	L	G	I	Z	Z	V
I	P	L	S	Y	E	B	Z	N	U	S	T	R	U	C	I
N	F	M	K	E	L	J	E	L	L	P	Z	J	X	G	X
G	P	V	V	F	I	W	N	V	Ë	Z	E	V	D	X	D
U	T	Ë	Z	J	K	V	J	T	B	P	A	P	R	R	J
I	J	J	L	E	A	S	O	R	A	F	A	L	E	K	B
N	C	P	I	L	N	C	G	M	R	L	J	L	Z	J	G
P	P	U	L	Ë	U	E	G	L	D	A	N	I	L	W	R
F	A	F	E	T	X	M	G	D	H	M	O	I	K	U	V
M	V	P	B	A	E	N	B	J	Ë	I	P	T	L	W	A
M	F	M	A	P	N	Y	R	L	M	N	I	Y	U	E	E
L	N	B	R	G	O	X	O	P	L	G	Q	Z	M	Q	C
C	Q	V	A	Q	A	Y	K	D	L	O	H	F	A	Y	F
I	C	X	H	S	B	L	M	I	E	F	S	Y	J	Q	S
T	O	U	C	A	N	M	L	D	J	T	I	H	O	E	F
H	E	R	O	N	P	H	G	C	M	B	R	V	S	H	T

SHQIPONJA
STRUCI
ROSA
LEJLEK
PËLLUMB
KORB
QYQE
MJELLMË
FLAMINGO
HERON
PINGUIN
HARABELI
PULËBARDHË
VEZË
PATË
PALLUA
PAPAGALL
PELIKAN
PULË
TOUCAN

84 - Disciplines Scientifiques

I	M	U	N	O	L	O	G	J	I	O	P	A	F	L	R
R	G	J	J	F	E	J	I	R	R	U	S	R	N	T	I
C	U	D	D	B	D	T	E	S	I	M	I	K	O	I	B
T	I	J	G	O	L	O	I	Z	I	F	K	E	G	J	G
I	J	G	O	L	O	I	B	E	Ë	A	O	O	J	G	Q
C	G	I	A	I	R	B	W	A	K	S	L	L	E	O	F
S	O	C	I	O	L	O	G	J	I	T	O	O	O	L	K
Z	L	X	J	S	A	E	W	A	N	R	G	G	L	O	M
O	O	Z	G	K	Ë	R	K	Z	A	O	J	J	O	R	E
O	R	Y	O	Z	I	H	M	O	T	N	I	I	G	U	K
L	O	W	L	T	D	M	U	B	O	O	U	A	J	E	A
O	E	G	O	M	X	S	I	J	B	M	N	S	I	N	N
G	T	X	K	U	W	P	A	A	G	I	D	G	A	K	I
J	E	T	E	R	M	O	D	I	N	A	M	I	K	A	K
I	M	M	I	N	E	R	A	L	O	G	J	I	A	G	A
Y	C	X	H	A	N	A	T	O	M	I	A	Y	X	H	F

ANATOMIA
ARKEOLOGJIA
ASTRONOMI
BIOKIMI
BIOLOGJI
BOTANIKË
KIMIA
EKOLOGJIA
GJEOLOGJIA
IMUNOLOGJI
GJUHËSI
MEKANIKA
METEOROLOGJI
MINERALOGJIA
NEUROLOGJI
FIZIOLOGJI
PSIKOLOGJI
SOCIOLOGJI
TERMODINAMIKA
ZOOLOGJI

85 - Maladie

V	L	Z	U	F	W	P	U	V	Z	B	P	J	Z	J	J
F	J	J	J	F	L	K	L	B	E	C	A	W	Q	O	Y
P	E	Z	M	A	T	I	M	H	M	U	P	R	P	O	Q
N	K	U	F	I	A	T	P	N	R	L	R	R	K	E	P
E	I	F	I	P	K	E	H	U	A	U	E	B	L	U	U
U	N	P	X	A	C	N	M	G	R	I	S	O	I	S	L
R	O	S	Y	R	O	E	E	O	P	T	P	H	J	Z	M
O	R	N	T	E	K	J	T	U	A	E	I	Y	G	W	O
P	K	A	T	T	C	G	C	Q	V	T	R	S	R	E	N
A	Z	W	S	I	N	D	R	O	M	I	A	Q	E	C	A
T	Ë	B	O	D	I	V	K	R	T	N	T	B	L	M	R
I	M	I	R	Ë	Q	E	N	I	E	U	O	O	A	E	K
A	S	H	Ë	N	D	E	T	I	U	M	R	F	U	V	T
N	G	J	I	T	Ë	S	E	R	F	I	E	A	I	T	J
T	R	A	S	H	Ë	G	I	M	O	R	E	R	S	X	Y
L	E	D	N	C	R	N	T	C	D	J	I	S	K	E	E

BARKU
ALERGJI
MIRËQENIE
KRONIKE
NGJITËSE
TRUPI
ZEMRA
I DOBËT
GJENETIK
TRASHËGIMORE
IMUNITETI
PEZMATIM
MESIT
NEUROPATIA
KOCKAT
PULMONAR
RESPIRATORE
SHËNDETI
SINDROMI
TERAPIA

86 - Univers

E	R	S	A	B	V	E	B	T	N	O	Z	I	R	O	H
R	B	O	S	U	F	O	U	E	R	O	L	L	E	I	D
R	W	L	T	D	C	C	I	L	G	J	L	Z	K	S	A
Ë	K	S	R	A	S	Q	U	E	A	W	A	O	I	Ë	T
S	O	T	O	P	U	L	K	S	L	G	L	D	M	R	M
I	H	I	N	H	B	K	E	K	A	J	Q	I	Z	E	O
R	E	C	O	Z	I	E	E	O	K	A	I	A	O	J	S
Ë	M	A	M	L	D	W	O	P	T	T	E	K	K	G	F
W	I	I	S	Q	I	M	T	D	I	Ë	L	U	F	H	E
M	S	D	M	T	O	C	C	E	K	S	L	T	P	B	R
X	F	Y	Q	E	R	D	L	H	Ë	I	Y	N	X	V	Ë
V	E	F	Z	L	E	O	H	R	Ë	A	W	Z	U	Q	J
N	R	P	B	E	T	Q	N	Q	Z	N	M	I	H	G	S
G	A	J	N	T	S	F	X	O	R	M	A	K	R	C	O
W	I	F	E	D	A	C	R	E	M	H	S	K	U	D	E
L	O	R	B	I	T	A	Y	E	Z	I	O	L	W	Q	I

ASTEROIDI
ASTRONOM
ASTRONOMI
ATMOSFERË
QIELL
KOZMIKE
EKUATOR
GALAKTIKË
HEMISFERA
HORIZONT
GJERËSI
GJATËSIA
HËNA
ERRËSIRË
ORBITA
DIELLORE
SOLSTIC
TELESKOP
E DUKSHME
ZODIAKUT

87 - Géographie

R	Q	C	D	A	V	I	L	R	J	G	K	U	M	X	F
H	A	E	E	A	H	E	E	D	Q	J	O	J	E	H	W
M	G	J	T	R	E	Q	N	Q	A	E	N	J	R	U	K
A	E	E	O	G	M	S	H	D	L	R	T	W	I	A	U
L	C	Y	C	N	I	M	U	L	I	Ë	I	E	D	T	U
L	C	H	Q	A	S	N	O	D	T	S	N	G	I	L	P
D	Q	Z	F	E	F	P	I	P	E	I	E	W	A	A	L
W	R	X	Q	Q	E	Z	S	Z	R	Q	N	V	N	S	W
J	K	L	L	O	R	Y	H	Z	R	F	T	E	T	Y	Q
Q	M	B	Z	A	A	X	U	M	I	D	N	Ë	R	E	P
H	A	R	T	Ë	R	A	L	J	T	K	Y	U	Y	G	C
T	B	M	U	U	Q	T	L	Y	O	L	J	Q	N	A	R
E	M	N	V	C	F	B	Ë	Q	R	G	U	J	K	Z	Q
X	E	L	E	P	Q	Y	T	S	I	U	G	H	T	R	K
I	R	G	R	X	L	S	O	M	I	A	C	D	A	H	X
G	T	I	I	D	Z	A	B	P	A	G	D	Y	L	Y	O

LARTËSI
ATLAS
HARTË
KONTINENT
LUMI
HEMISFERA
ISHULL
GJERËSI
DET
MERIDIAN
BOTË
MAL
VERI
OQEAN
PERËNDIM
VENDI
RAJON
JUG
TERRITORI
QYTET

88 - Bâtiments

H	A	N	K	S	L	A	U	R	A	G	W	M	Q	C	A
A	T	M	M	Ë	P	S	I	I	I	L	B	M	W	M	P
L	W	J	B	B	S	P	K	B	Q	S	U	S	T	U	A
L	H	F	D	A	E	H	X	W	O	I	J	M	E	Z	R
O	F	W	G	S	S	H	T	U	X	U	Q	L	A	E	T
K	A	B	I	N	A	A	K	J	U	T	H	S	T	S	A
H	G	B	I	C	L	S	D	L	E	T	O	H	R	U	M
S	R	O	T	A	R	O	B	A	L	L	J	J	I	P	E
O	B	S	E	R	V	A	T	O	R	I	L	R	Ç	E	N
U	N	I	V	E	R	S	I	T	E	T	I	A	A	R	T
S	T	A	D	I	U	M	I	S	G	Z	L	B	D	M	Z
G	A	R	A	Z	H	G	N	V	P	Z	Q	M	Ë	A	V
W	M	W	N	N	J	A	M	E	N	I	K	A	R	R	G
F	A	B	R	I	K	Ë	K	U	V	E	T	H	Z	K	B
O	M	J	R	T	L	V	V	J	K	N	W	A	K	E	T
K	U	L	L	Ë	M	R	Q	M	A	J	L	T	L	T	G

AMBASADA
APARTAMENT
KABINA
KËSHTJELLA
KINEMA
SHKOLLA
GARAZH
HAMBAR
SPITAL
HOTEL
LABORATOR
MUZE
OBSERVATORI
STADIUMI
SUPERMARKET
ÇADËR
TEATRI
KULLË
UNIVERSITETI
FABRIKË

89 - Activités et Loisirs

P	H	J	M	J	L	N	R	S	M	T	N	N	B	Y	E
K	I	Q	T	I	I	I	K	Ë	V	N	B	O	D	T	V
P	A	K	B	A	S	K	E	T	B	O	L	L	T	R	A
E	Z	M	T	O	M	E	Z	U	S	H	T	M	A	K	K
S	H	R	P	U	X	K	X	B	Q	P	O	K	R	Y	W
H	Y	B	D	I	R	M	I	Z	V	K	D	L	E	U	F
K	T	O	D	V	N	A	Z	Y	K	G	O	L	F	M	F
I	J	K	S	F	V	G	B	E	J	S	B	O	L	L	I
M	E	S	F	H	O	N	O	V	N	I	K	B	U	G	M
I	T	P	F	O	L	I	K	M	X	N	O	T	M	J	I
R	W	N	Q	B	E	K	S	P	K	E	P	U	N	E	T
G	A	R	A	I	J	I	P	P	I	T	U	F	V	L	Ë
K	P	J	P	X	B	H	Z	V	R	X	C	R	L	R	H
J	L	K	L	M	O	M	H	M	Q	V	E	Ë	Z	S	D
B	A	D	R	T	L	W	S	S	S	V	Z	S	W	W	U
B	W	X	Y	H	L	K	O	P	S	H	T	A	R	I	H

ART
BEJSBOLLI
BASKETBOLL
BOKS
KAMPING
GARA
FUTBOLL
GOLF
KOPSHTARI
NOT

HOBI
PIKTURA
PESHKIMI
ZHYTJE
HIKING
ZBUTËS
SËRF
TENIS
VOLEJBOLL
UDHËTIMI

90 - Livres

C	D	P	Y	F	X	U	O	R	C	F	W	W	K	K	D
M	T	C	E	L	J	F	N	N	G	C	O	U	R	I	U
H	F	I	V	E	K	I	R	O	T	S	I	H	I	Z	A
R	C	Y	N	X	M	Z	O	O	O	K	R	K	J	U	L
J	D	R	D	U	O	E	T	C	U	R	O	T	U	A	I
K	S	E	U	E	I	O	A	U	L	O	T	R	E	N	T
M	O	K	O	S	T	P	R	B	P	X	S	M	S	S	E
K	F	N	A	M	O	R	R	I	C	D	I	N	S	H	T
U	T	A	T	O	B	O	A	L	L	X	H	K	E	Y	V
Y	R	E	Q	E	Z	L	N	G	U	Q	P	B	C	G	E
P	A	P	H	E	K	Q	E	T	N	A	V	E	L	E	R
O	G	I	R	E	S	S	C	D	D	H	U	M	O	R	A
E	J	K	G	K	E	M	T	H	H	X	F	F	Y	I	R
M	I	Ë	R	U	T	N	E	V	A	J	L	A	Y	W	T
Ë	K	Y	X	Z	W	R	E	U	G	N	A	B	B	O	E
D	E	T	B	W	C	E	F	X	M	Z	N	S	Z	R	L

AUTOR
AVENTURË
MBLEDHJA
KONTEKST
DUALITET
EPIKË
HISTORI
HISTORIKE
HUMOR
KRIJUES
LEXUES
LETRARE
NARRATOR
FAQE
RELEVANTE
POEMË
POEZI
ROMAN
SERI
TRAGJIKE

91 - Pays #2

C	W	R	Z	E	Y	P	C	F	F	R	A	N	C	Ë	I
F	S	Y	N	J	D	Y	E	S	W	N	H	Z	P	N	P
R	C	Q	K	U	X	H	W	I	I	L	Ë	J	K	I	B
N	Q	Z	Y	L	I	Y	R	C	L	R	K	G	Y	A	A
R	U	S	I	Y	M	K	I	N	A	B	I	L	N	R	Z
O	R	U	V	K	P	L	E	E	M	C	S	L	X	K	Q
I	Q	O	H	W	H	X	Z	Q	O	K	K	G	G	U	D
N	Z	H	Z	K	X	L	S	O	S	J	E	J	B	E	G
D	J	H	M	I	W	U	Ë	K	R	A	M	I	N	A	D
O	P	V	A	D	N	A	L	R	I	P	I	Q	O	L	C
N	P	R	C	I	J	M	D	T	H	O	T	N	N	N	S
E	U	K	K	V	T	R	Q	C	I	N	F	S	E	Q	M
Z	P	N	I	J	A	I	R	Ë	P	I	Q	H	S	K	L
I	U	F	N	A	T	S	I	K	A	P	V	C	O	E	C
O	E	O	Ë	B	B	X	H	A	M	A	J	K	A	P	D
S	U	D	A	N	H	P	U	G	A	N	D	Ë	L	I	A

SHQIPËRIA
KINË
DANIMARKË
FRANCË
HAITI
INDONEZI
IRLANDA
XHAMAJKA
JAPONI
KENIA
LAOS
LIBANI
MEKSIKË
UGANDË
PAKISTAN
RUSI
SOMALI
SUDAN
SIRI
UKRAINË

92 - Fournitures d'Art

K	A	M	E	R	A	L	E	B	A	T	Q	G	V	F	S
N	I	M	Y	Q	M	F	U	R	L	Y	T	O	F	U	E
Q	Z	S	Z	K	L	A	P	S	A	E	E	M	I	R	I
V	A	J	L	Ë	L	I	J	G	R	A	T	Ë	D	C	P
B	T	D	Z	M	E	U	K	M	H	F	M	Ë	E	A	P
O	N	B	B	B	Y	L	J	D	J	E	A	H	R	D	T
J	A	M	T	A	R	Y	J	G	N	L	I	S	F	I	G
Ë	F	G	U	L	S	Y	I	J	U	A	R	Ë	J	O	B
U	J	M	Z	E	G	I	R	R	A	K	U	T	F	J	U
V	L	I	U	C	O	D	U	B	G	R	R	I	Z	K	X
P	A	S	T	E	L	E	V	J	Q	I	D	J	Z	C	O
Y	Z	F	M	U	C	C	Y	A	I	L	R	G	E	A	J
G	I	E	J	K	Y	I	C	K	J	I	Y	N	L	R	T
Z	R	O	Q	O	P	S	P	T	W	K	M	K	F	X	U
L	W	X	M	H	Y	J	C	Z	F	V	Y	D	W	Y	P
S	Y	I	R	G	P	D	K	L	P	H	Q	J	F	H	Q

AKRILIK
BOJËRA UJI
ARGJILË
FURCA
KAMERA
KARRIGE
QYMYR DRURI
KËMBALEC
NGJITËS
NGJYRAT
LAPSA
FANTAZIA
UJI
BOJË
GOMË
VAJ
IDE
LETËR
PASTELE
TABELA

93 - Jazz

Z	O	L	O	S	L	V	R	U	W	M	S	B	X	S	B
H	R	O	T	I	Z	O	P	M	O	K	X	T	N	D	A
A	K	L	C	E	E	J	D	U	I	Y	K	S	I	M	F
N	E	I	X	R	H	C	F	Z	M	P	I	I	R	L	B
Ë	S	Y	P	J	E	C	A	I	P	C	T	T	I	S	I
R	T	W	Y	O	G	X	N	K	R	I	X	R	S	N	A
A	Ë	K	I	N	K	E	T	A	O	V	A	A	K	G	S
J	R	V	Z	C	U	H	V	X	V	J	M	D	E	D	S
R	I	F	A	M	S	H	Ë	M	I	E	J	Z	H	C	F
Ë	I	B	U	M	E	U	U	U	Z	T	N	T	T	N	I
B	F	T	B	A	I	D	O	B	I	Ë	U	P	X	N	U
R	D	N	Ë	A	F	L	G	L	M	R	B	I	D	U	V
Ë	G	E	G	M	T	W	Y	A	B	S	C	O	F	D	O
P	D	L	N	B	Q	E	K	O	N	C	E	R	T	H	S
D	I	A	Ë	J	R	E	R	T	M	B	V	E	C	I	E
Y	N	T	K	S	Y	H	Y	I	C	V	B	V	S	Y	W

THEKSI
ALBUM
ARTIST
I FAMSHËM
KËNGË
KOMPOZITOR
PËRBËRJA
KONCERT
ZHANËR
IMPROVIZIM
MUZIKA
I RI
ORKESTËR
RITËM
SOLO
STILI
TALENT
BATERI
TEKNIKË
I VJETËR

94 - Paysages

H	E	Y	T	E	S	A	M	P	Y	Z	Y	A	I	L	J
X	Y	V	A	J	Ë	A	W	O	M	V	N	J	S	J	R
L	N	M	I	W	N	G	V	K	Ç	N	D	S	H	X	M
A	I	M	U	L	I	B	Ë	U	B	A	Ë	B	U	H	P
M	E	Q	T	P	G	E	J	Z	E	R	L	E	L	W	J
I	B	B	E	U	U	P	A	G	A	X	L	R	L	Q	X
Q	B	E	O	N	L	B	N	P	Y	O	E	G	N	S	N
B	V	D	W	J	I	P	L	P	D	R	P	J	K	L	T
T	U	N	D	Ë	R	K	L	J	F	E	H	Z	A	L	P
E	G	M	Ë	M	K	X	U	M	C	K	S	Q	G	U	J
D	T	W	R	Ë	D	O	K	P	Q	Y	S	C	T	H	L
N	B	V	A	R	A	N	A	K	L	L	U	V	L	S	N
F	U	N	V	X	L	Y	O	C	J	K	Z	S	H	I	E
X	H	N	Ë	R	I	T	Ë	T	E	R	K	H	S	D	O
E	D	A	J	H	D	R	E	D	Ë	K	Y	R	G	A	V
P	V	L	U	I	S	E	Y	Z	K	D	K	P	C	G	E

UJËVARË
KODËR
SHKRETËTIRË
GRYKËDERDHJA
LUMI
GEJZER
AKULLNAJË
SHPELLË
AJSBERG
ISHULL
LIQENI
MOÇAL
DET
MAL
OAZË
GADISHULL
PLAZH
TUNDËR
LUGINË
VULLKAN

95 - Pays #1

P	J	X	F	P	Q	G	F	Z	W	P	F	E	H	U	G
T	O	C	W	D	M	E	M	I	F	W	C	M	T	F	J
B	A	L	N	H	X	V	S	S	N	X	C	F	Q	H	E
P	F	I	O	A	I	G	U	W	N	L	F	P	H	G	R
D	G	Z	N	N	L	P	O	F	U	R	A	U	B	Z	M
N	A	A	E	I	I	O	Z	V	I	G	L	N	S	O	A
O	N	R	A	T	L	C	V	E	N	L	H	M	D	C	N
R	I	B	T	N	A	D	A	N	A	K	I	B	A	A	I
V	S	W	H	E	M	L	D	V	M	Z	P	P	L	P	P
E	T	Y	Ë	J	N	A	P	S	U	C	A	B	I	G	E
G	A	B	Y	G	I	N	D	I	R	Q	N	J	O	N	E
J	N	N	Z	R	O	D	A	U	K	E	A	F	T	M	E
I	I	J	E	A	O	U	M	G	O	L	M	D	L	Q	U
N	I	K	A	R	A	G	U	A	R	P	A	W	I	G	R
V	E	N	E	Z	U	E	L	Ë	A	A	O	T	B	M	J
I	Z	R	A	E	L	I	T	U	M	V	S	C	I	N	J

AFGANISTANI
GJERMANI
ARGJENTINA
BRAZIL
KANADA
SPANJË
EKUADOR
FINLANDA
INDI
IZRAELIT
LIBI
MALI
MAROK
NIKARAGUA
NORVEGJI
PANAMA
FILIPINE
POLONI
RUMANI
VENEZUELË

96 - Psychologie

Q	Q	E	H	K	J	F	C	P	L	B	S	G	O	D	P
A	J	H	K	E	J	I	D	Ë	T	E	V	A	P	Q	E
K	T	S	A	J	I	M	I	R	Ë	M	E	E	L	X	R
O	A	J	I	D	Ë	T	E	V	N	Ë	N	R	G	N	S
N	R	E	R	E	B	C	B	O	Q	I	W	E	T	O	O
F	R	L	Ë	T	T	Q	V	J	N	R	A	A	E	Y	N
L	D	L	J	W	P	A	D	A	U	M	L	L	R	D	A
I	N	J	I	I	M	M	Y	T	Z	W	K	I	A	X	L
K	Ë	E	M	Z	O	K	W	F	T	D	N	T	P	D	I
T	L	X	Ë	M	E	L	B	O	R	P	I	E	I	R	T
C	R	L	F	H	J	K	U	T	T	O	D	T	A	U	E
P	E	R	C	E	P	T	I	M	I	K	E	T	J	K	T
N	D	J	E	S	I	T	E	N	O	I	C	O	M	E	X
O	V	E	Z	T	A	O	E	M	I	D	N	E	M	J	J
V	L	E	R	Ë	S	I	M	I	Q	L	A	V	B	Z	U
A	E	R	T	B	U	U	J	M	F	Y	K	W	I	X	H

KLINIKE
SJELLJE
KONFLIKT
EGO
FËMIJËRIA
PËRVOJAT
EMOCIONET
VLERËSIMI
IDE
PAVETËDIJE
MENDIME
PERCEPTIMI
PERSONALITET
PROBLEM
EMËRIMI
REALITET
ËNDRRAT
NDJESI
NËNVETËDIJA
TERAPIA

97 - Nature

A	S	K	T	V	R	B	Z	D	K	C	L	Y	L	G	S
K	H	M	Z	C	L	C	D	I	K	A	F	R	U	X	T
U	E	P	G	S	L	K	G	N	Q	N	F	N	M	I	R
L	N	A	D	K	Z	A	G	A	H	M	L	S	I	O	E
L	J	Q	B	Z	U	X	K	M	C	B	X	E	H	R	H
N	T	Ë	T	E	L	B	U	I	S	U	W	T	A	Ë	Ë
A	Ë	S	F	Z	W	Y	Z	K	P	A	X	K	L	T	T
J	R	O	I	X	J	B	B	E	Y	O	B	Y	J	E	B
Ë	O	R	A	P	W	S	K	O	L	D	R	L	X	Q	U
D	R	E	A	R	K	T	I	K	L	C	U	T	X	O	K
V	J	F	K	S	H	K	R	E	T	Ë	T	I	R	Ë	U
R	A	M	J	E	G	U	L	L	U	B	O	G	A	G	R
O	Ë	J	E	T	Ë	S	O	R	E	K	R	V	O	J	I
I	T	G	V	C	N	S	D	B	J	J	T	R	U	E	B
I	E	Q	E	U	V	B	G	F	L	O	C	D	V	T	W
E	R	O	Z	I	O	N	I	M	N	W	J	Y	I	H	B

BLETËT
STREHË
KAFSHËT
ARKTIK
BUKURI
MJEGULL
SHKRETËTIRË
DINAMIKE
EROZIONI
GJETH
LUMI
PYLL
AKULLNAJË
RETË
PAQËSORE
SHENJTËRORJA
I EGËR
QETË
TROPIKAL
JETËSORE

98 - Chimie

O	A	K	S	E	W	P	M	E	K	B	X	K	A	L	E
K	L	H	I	D	R	O	G	J	E	N	O	J	I	J	A
S	K	U	A	E	K	R	I	P	Ë	F	W	L	S	P	C
I	A	F	N	A	L	U	K	E	L	O	M	I	Ë	Q	I
G	L	P	A	P	A	E	K	I	M	O	T	A	T	N	D
J	I	U	L	Ë	N	G	K	E	C	R	W	L	H	R	A
E	N	Q	X	M	Q	U	S	T	E	L	A	T	E	M	B
N	E	V	O	I	M	O	S	I	R	Y	V	B	X	G	G
K	F	Q	D	Z	P	E	S	H	A	O	J	P	N	W	E
G	U	I	S	N	O	B	R	A	K	T	N	K	E	I	M
W	A	N	V	E	K	A	T	A	L	I	Z	A	T	O	R
I	H	Z	B	Ë	R	T	H	A	M	O	R	E	V	Z	W
T	E	M	P	E	R	A	T	U	R	A	X	O	K	G	U
B	R	L	G	S	T	Y	X	K	E	U	L	R	L	Z	B
U	H	L	V	R	R	Y	Y	B	J	M	X	Y	P	K	R
K	O	C	M	N	P	H	V	L	W	P	G	V	X	H	J

ACID
ALKALINE
ATOMIKE
KARBON
KATALIZATOR
NXEHTËSIA
KLORI
ENZIMË
ELEKTRON
GAZ
HIDROGJEN
JON
LËNG
METALET
MOLEKULA
BËRTHAMORE
OKSIGJEN
PESHA
KRIPË
TEMPERATURA

99 - Bateaux

W	K	P	J	T	D	W	T	Y	S	X	A	H	N	H	B
M	K	A	J	A	K	E	A	C	P	D	A	D	G	G	A
A	A	P	F	P	U	T	T	R	I	F	P	S	G	J	T
D	H	R	A	T	I	L	N	U	R	A	K	E	H	Z	I
I	C	O	I	D	F	I	H	Z	A	P	I	U	K	E	C
R	L	T	Z	N	E	T	N	I	N	F	P	B	Z	Q	Ë
E	I	O	S	X	A	T	C	V	C	O	Q	E	A	N	J
K	Q	M	P	W	W	R	A	T	Ë	L	A	V	W	S	G
O	E	T	R	A	G	E	T	R	E	O	Y	U	M	P	Y
F	N	D	E	B	A	L	E	V	E	M	Ë	K	R	A	V
R	I	K	A	N	O	E	P	D	J	W	S	G	I	B	X
V	X	Y	J	V	A	F	K	E	O	C	S	T	M	Z	Q
R	A	F	T	H	A	J	R	Z	W	W	F	H	G	Y	Z
B	B	O	A	Q	O	Q	Z	D	K	D	A	K	T	P	V
U	H	H	C	B	V	H	V	S	I	Y	I	Y	K	H	R
L	U	M	I	W	V	V	O	Z	Ë	M	B	I	U	J	Ë

SPIRANCË
VOZË MBI UJË
KANOE
LITAR
EKUIPAZHI
TRAGET
LUMI
KAJAK
LIQENI
BATICË
MARINAR
DIREK
DET
MOTOR
DETARE
OQEAN
RAFT
VALËT
VARKË ME VELA
JAHT

100 - Mesures

A	I	I	L	H	C	D	R	N	C	E	C	E	N	G	N
S	K	C	I	Q	I	E	P	H	Y	P	F	S	T	J	M
C	K	W	T	L	B	J	N	T	H	F	D	O	T	A	B
E	A	S	Ë	T	A	M	O	T	A	K	P	J	L	T	B
U	O	N	R	P	S	B	T	L	I	O	A	H	Q	Ë	F
D	F	O	Q	E	A	S	Z	A	H	M	A	R	G	S	L
M	H	W	U	S	M	K	S	R	M	M	E	F	D	I	M
P	N	J	P	H	T	S	B	T	J	A	B	T	M	A	R
I	N	Ç	E	A	Y	H	G	Ë	M	R	R	T	Ë	B	B
T	J	D	A	T	Q	T	H	S	P	G	U	F	T	R	A
G	E	I	M	I	O	Y	G	I	S	O	N	F	U	Z	D
B	Z	C	O	Y	M	R	M	A	D	L	G	B	N	D	E
R	H	I	S	Ë	L	L	E	H	T	I	R	Y	I	D	D
K	I	L	O	M	E	T	Ë	R	E	K	A	U	M	A	Q
D	B	Y	M	F	N	M	N	K	S	S	D	T	H	D	W
V	Ë	L	L	I	M	I	L	A	I	S	Ë	R	E	J	G

CENTIMETËR
GRADË
DHJETORE
GRAM
LARTËSIA
KILOGRAM
KILOMETËR
GJERËSIA
LITËR
GJATËSIA
MASA
MATËS
MINUTË
BAJT
ONS
PESHA
INÇ
THELLËSI
TON
VËLLIMI

1 - Adjectifs #2

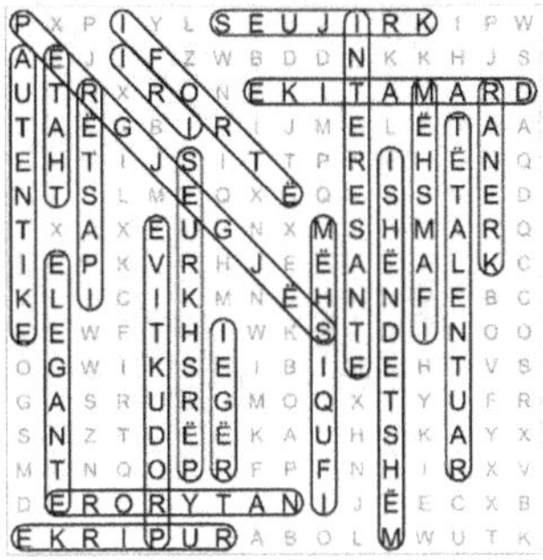

2 - Formes

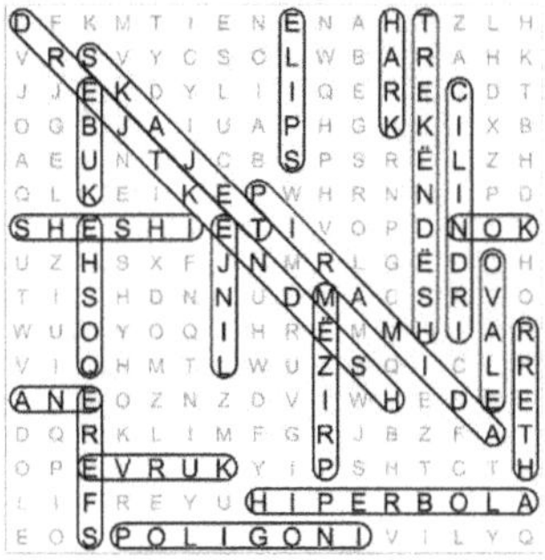

3 - Force et Gravité

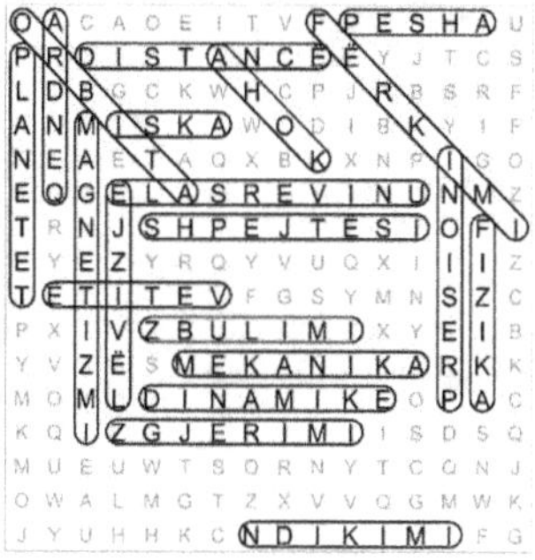

4 - Adjectifs #1

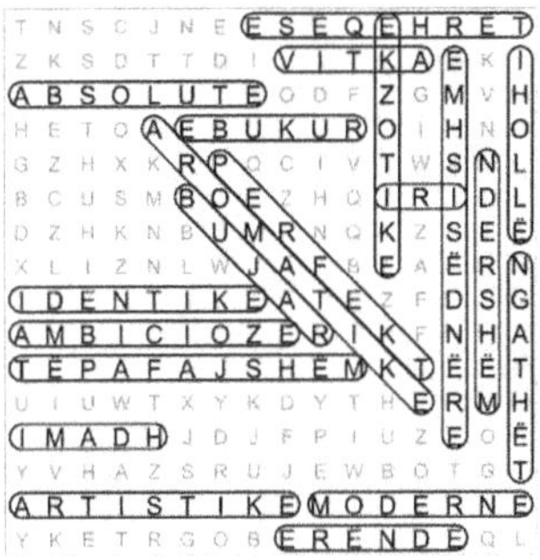

5 - Instruments de Musique

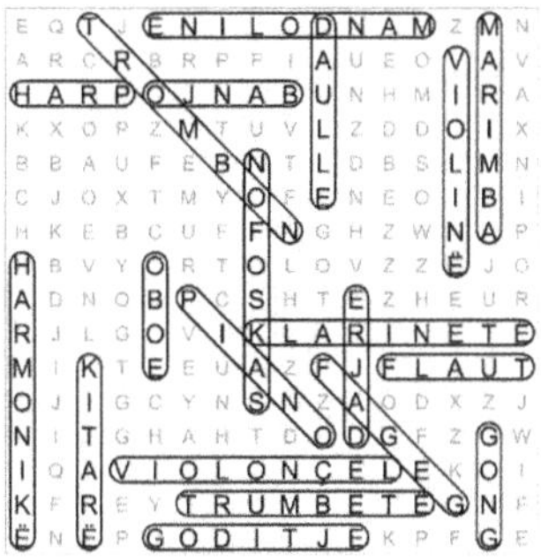

6 - Herboristerie

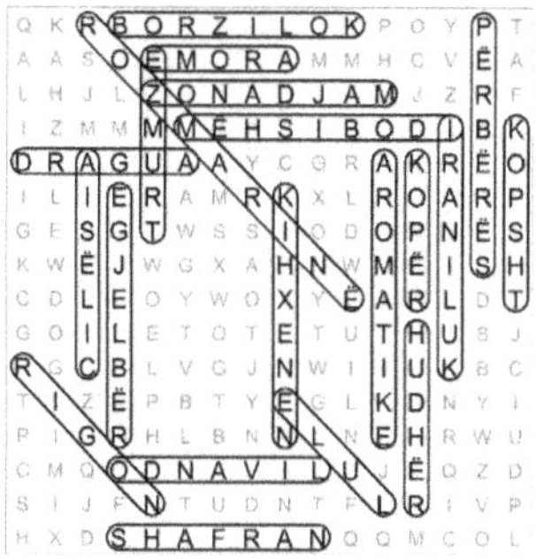

7 - Photographie

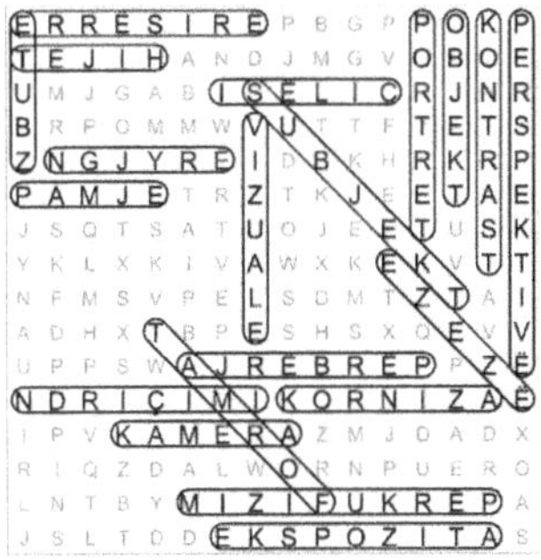

8 - Véhicules

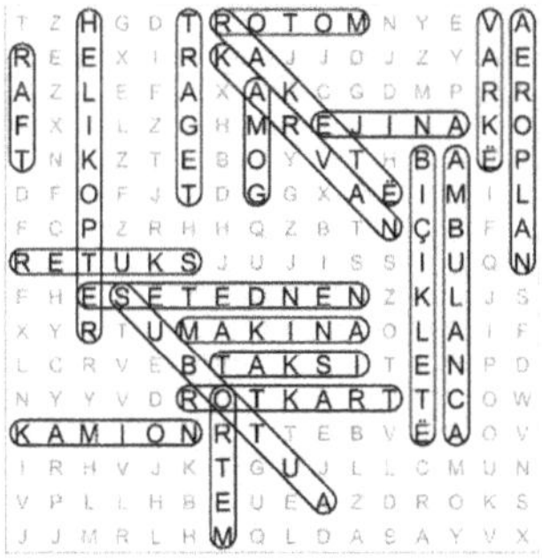

9 - Camping

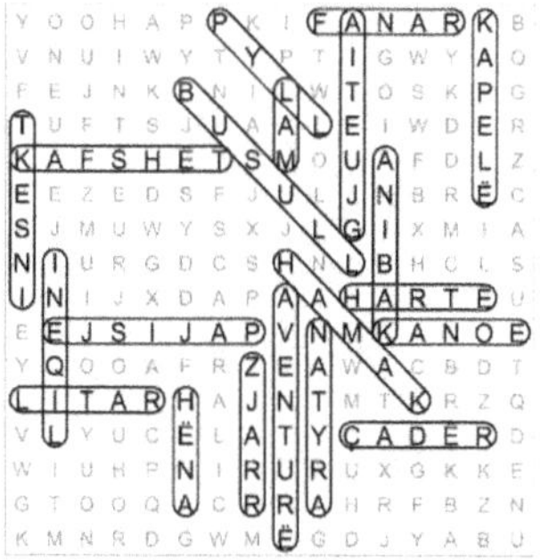

10 - Géométrie

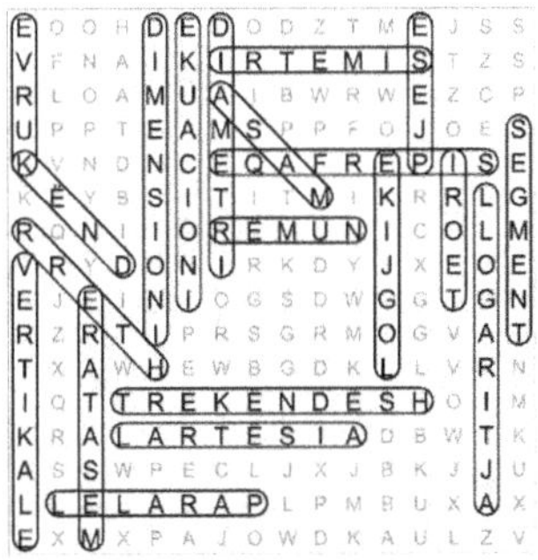

11 - Les Médias

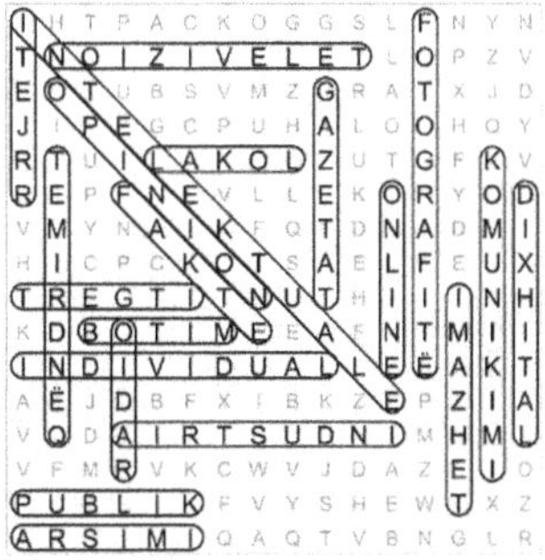

12 - Philanthropie

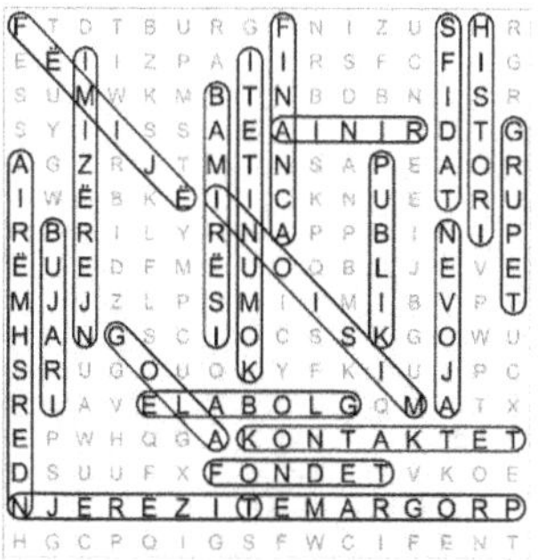

13 - Diplomatie

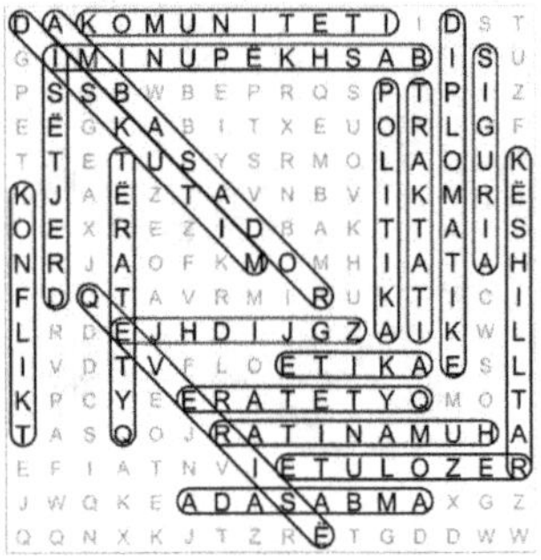

14 - Astronomie

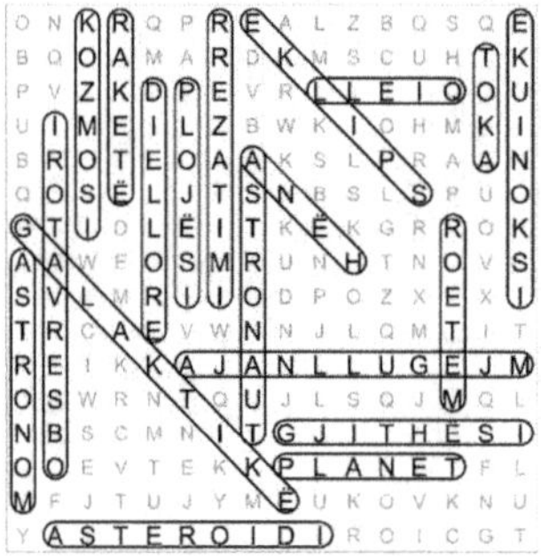

15 - Physique

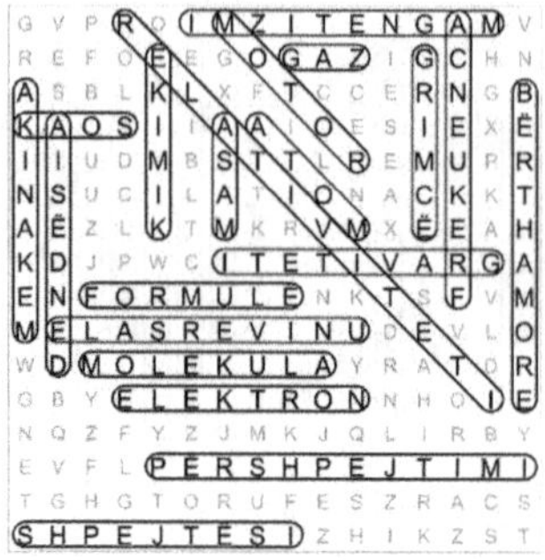

16 - Types de Cheveux

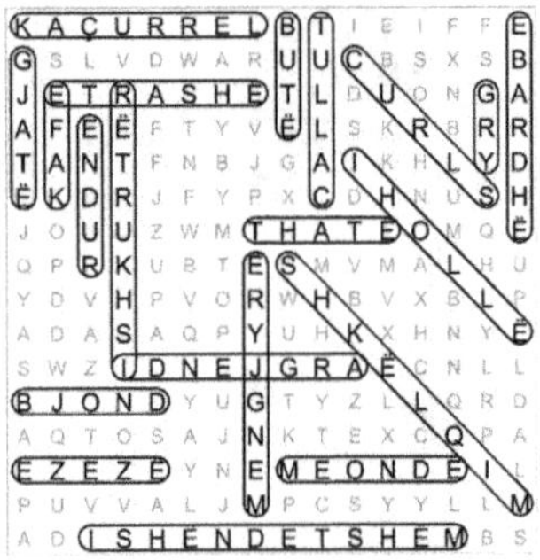

17 - Archéologie

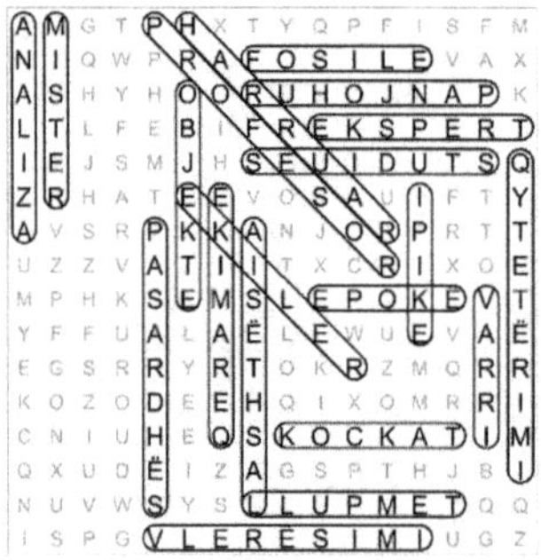

18 - Mammifères

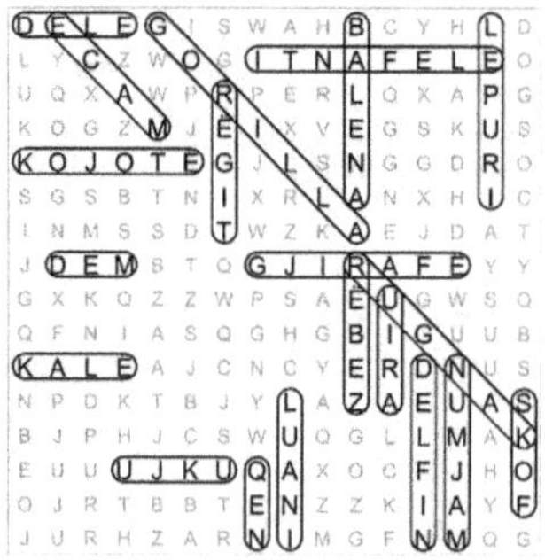

19 - Chocolat

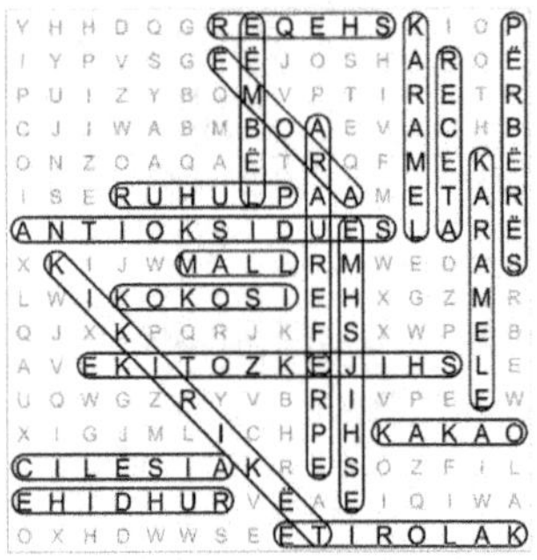

20 - Mathématiques

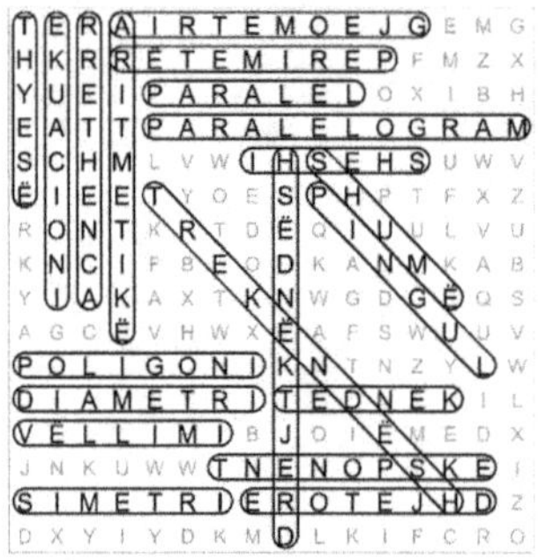

21 - Sport

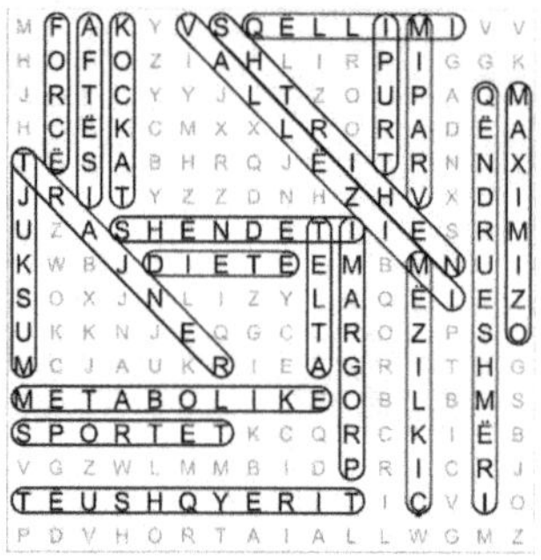

22 - Mythologie

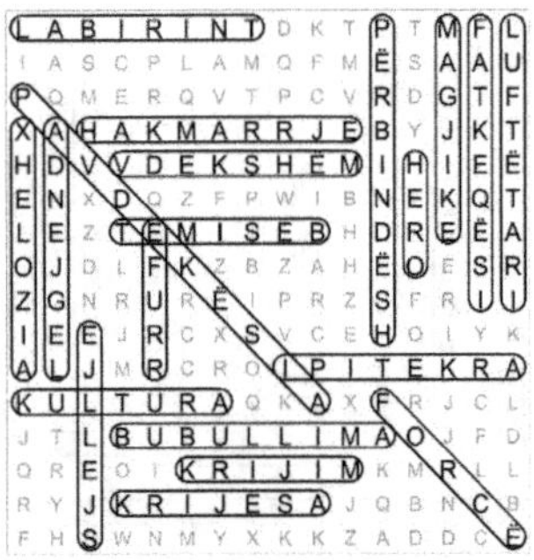

23 - Restaurant #2

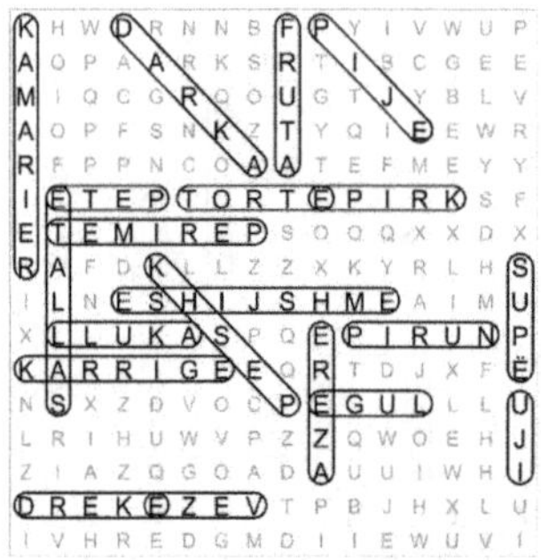

24 - Avions

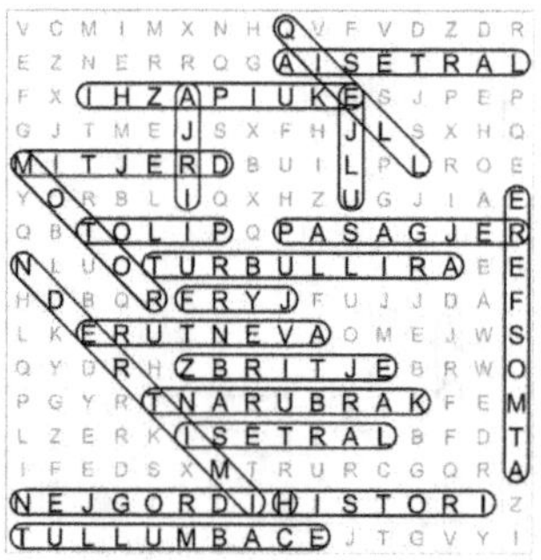

25 - Aventure

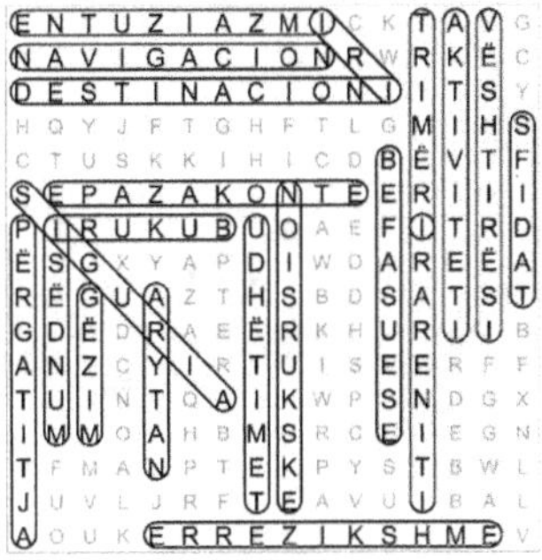

26 - Ville

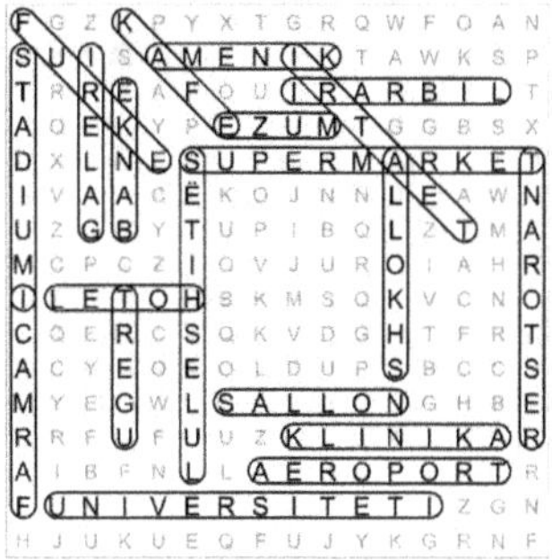

27 - Ingénierie

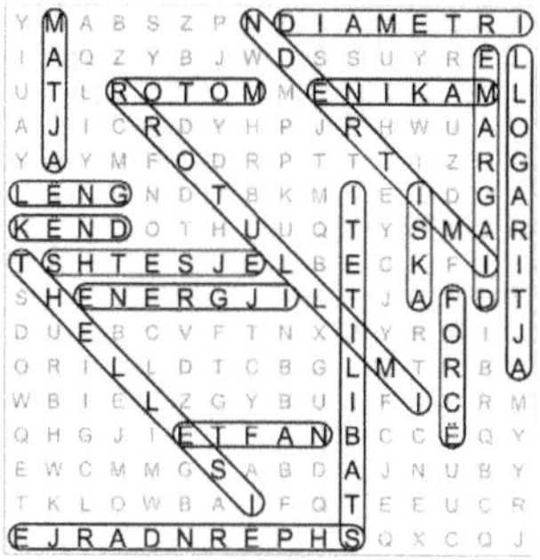

28 - Énergie

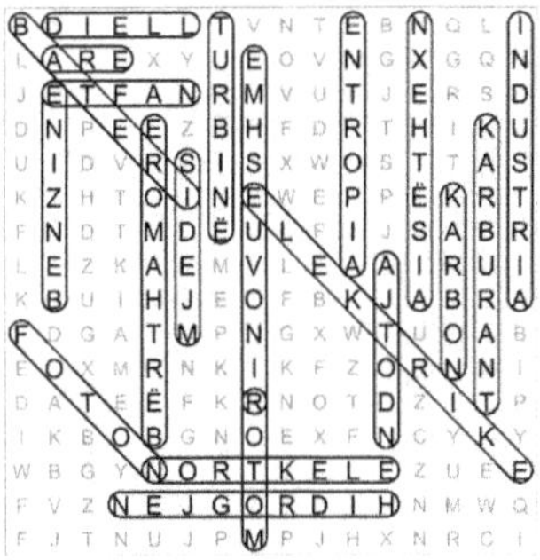

29 - Corps Humain

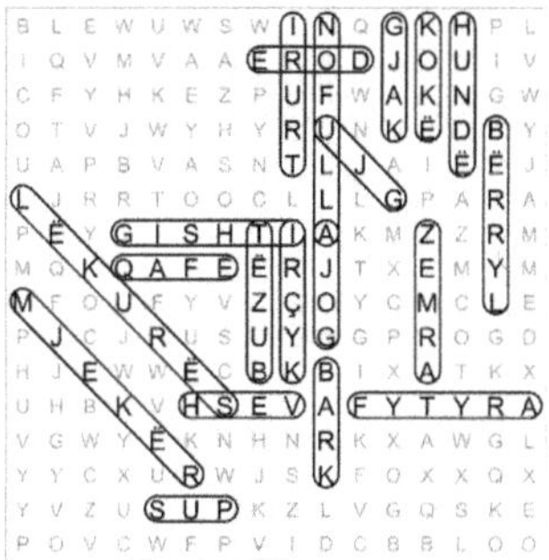

30 - Biologie

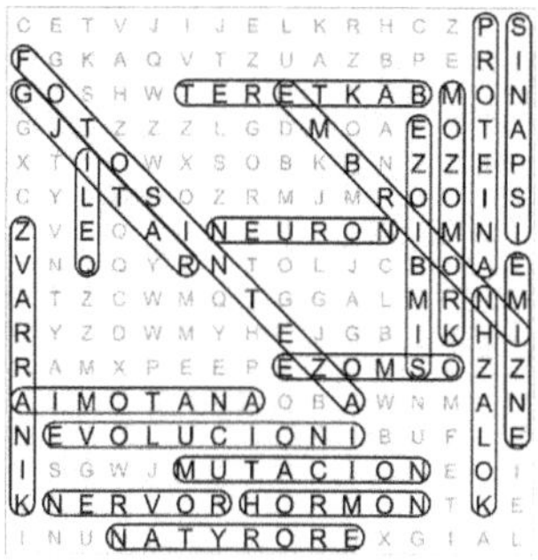

31 - Épices

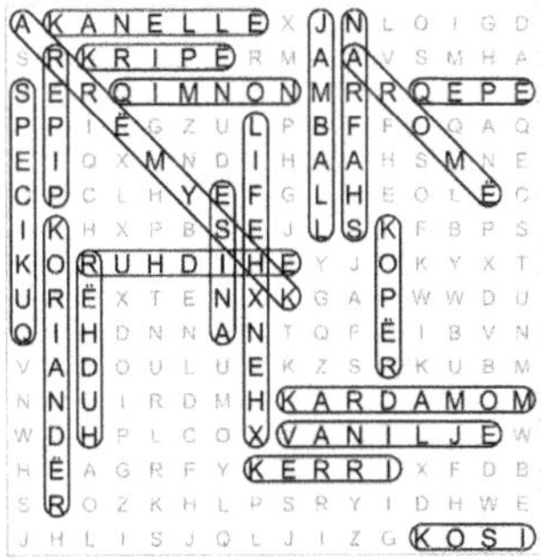

32 - Agronomie

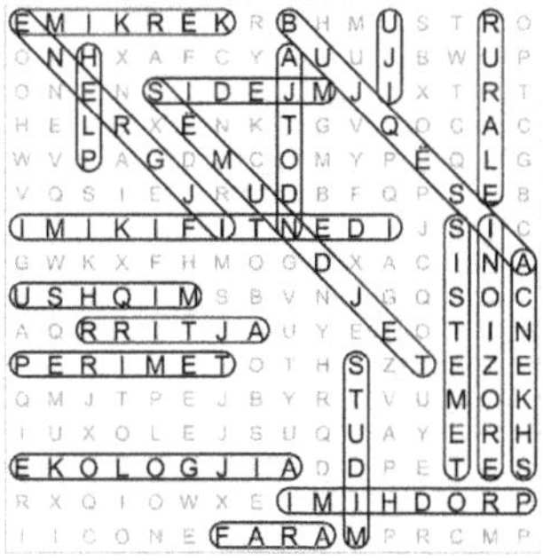

33 - Science

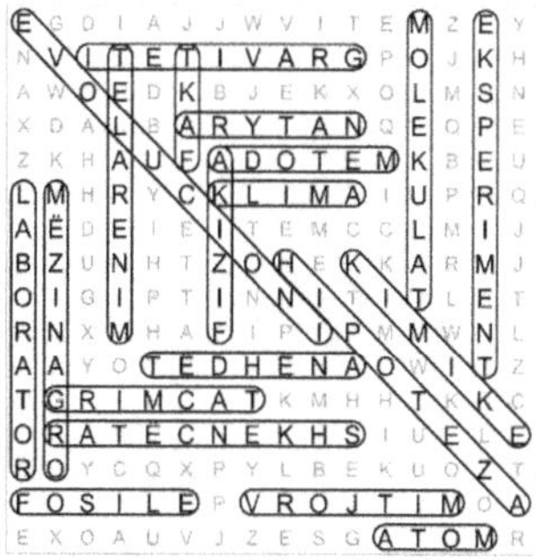

34 - Vêtements

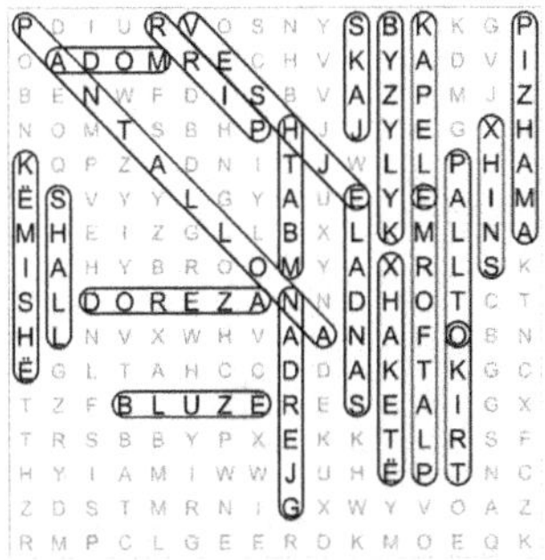

35 - Arts Visuels

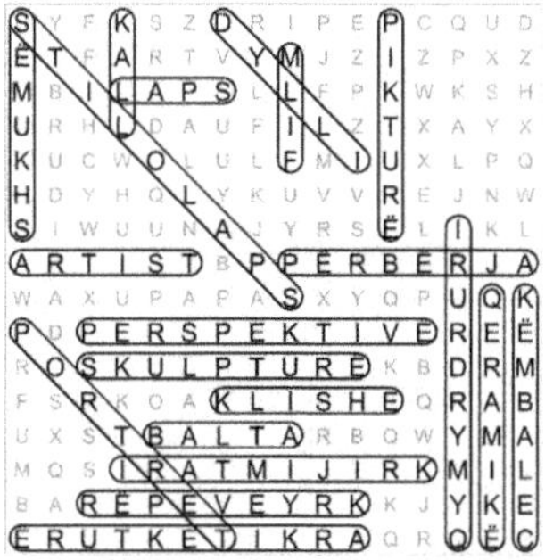

36 - Méditation

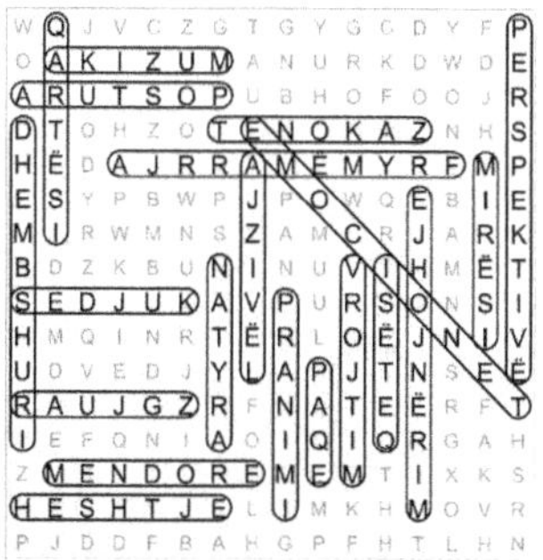

37 - Littérature

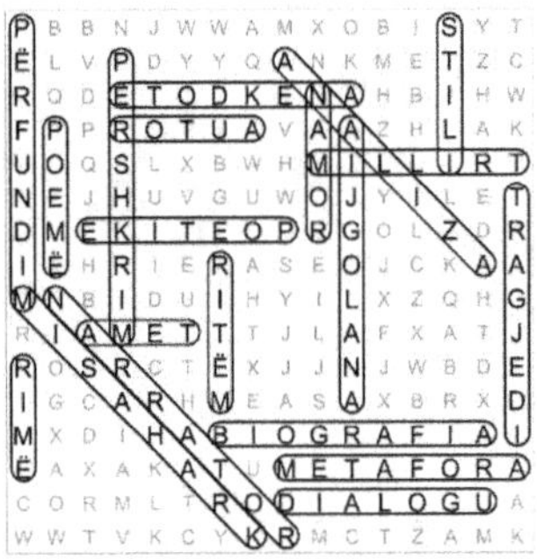

38 - Nourriture #1

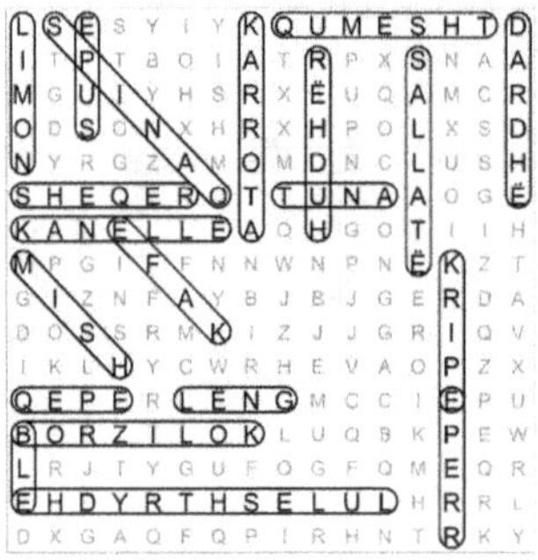

39 - Jours et Mois

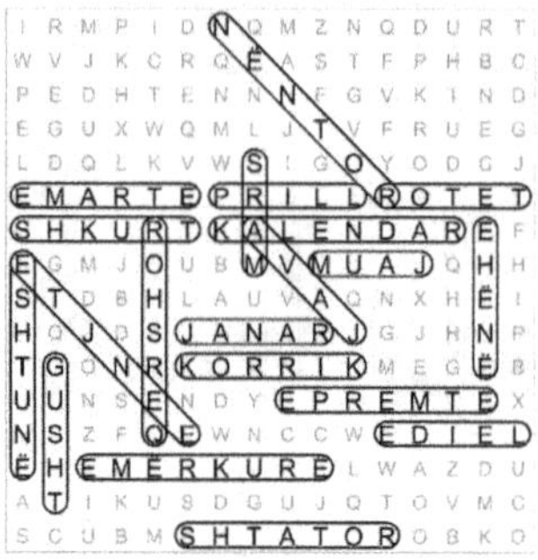

40 - Jardinage

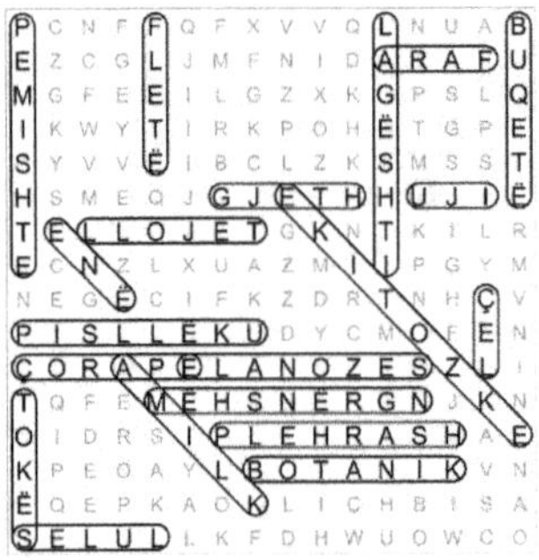

41 - Entreprise

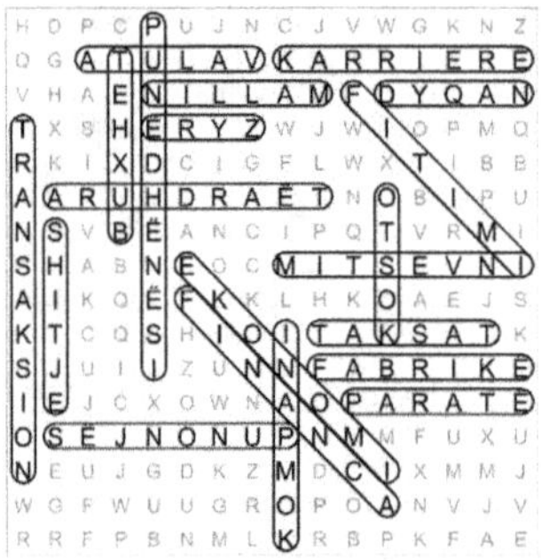

42 - Activités

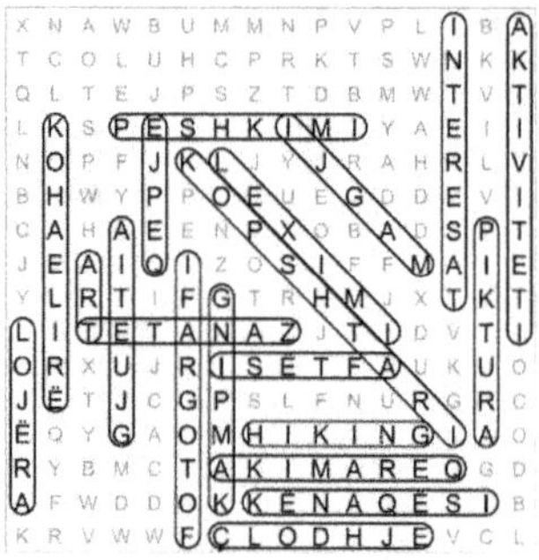

43 - Mode

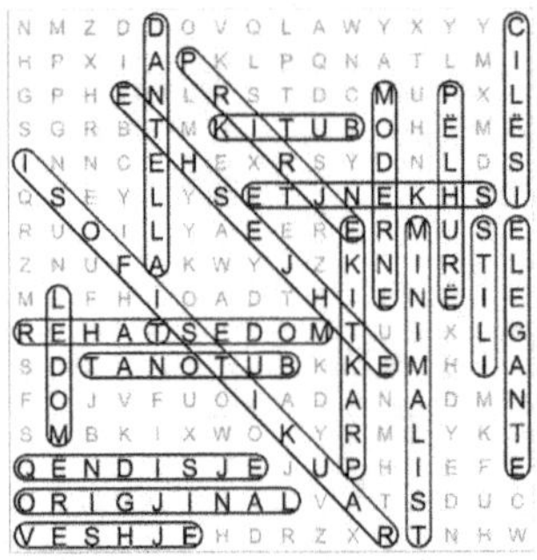

44 - Fleurs

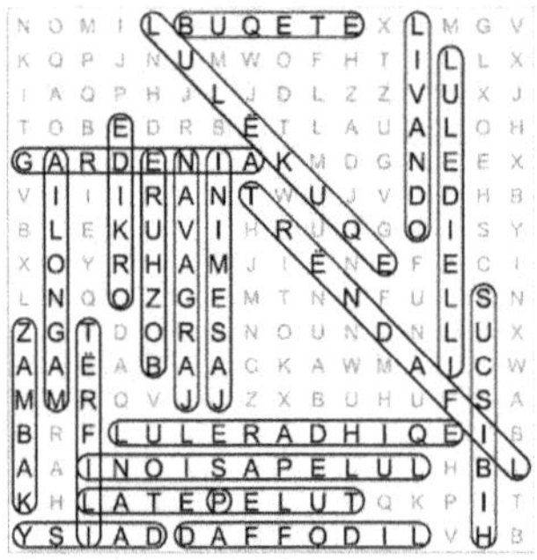

45 - Nourriture #2

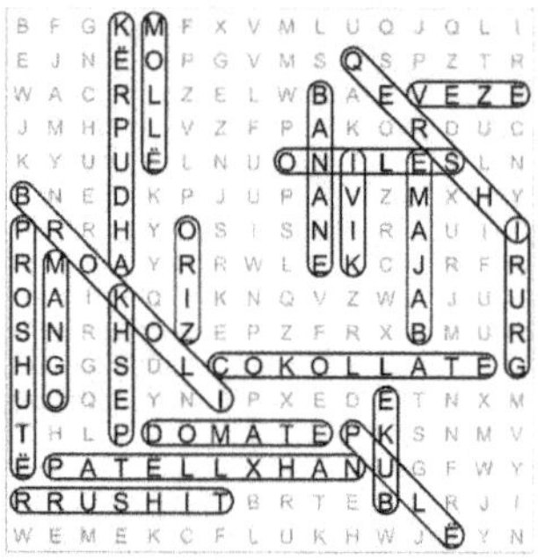

46 - Algèbre

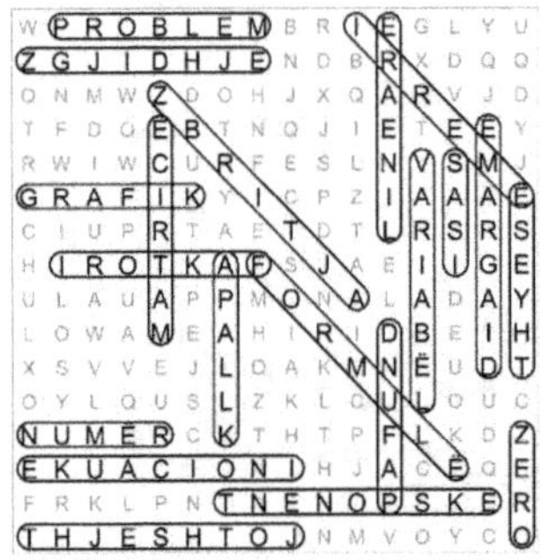

47 - Océan

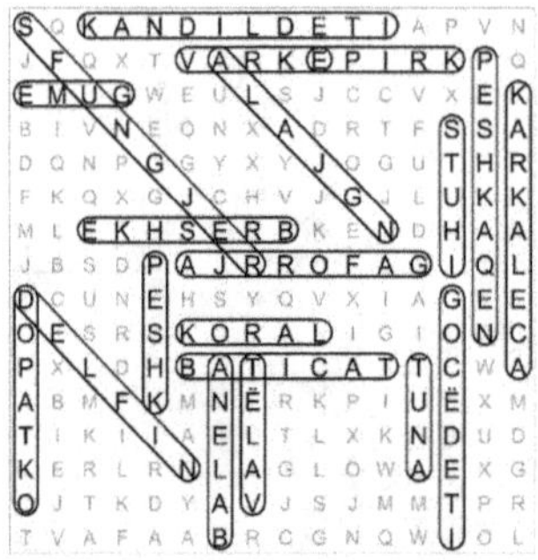

48 - Remplir

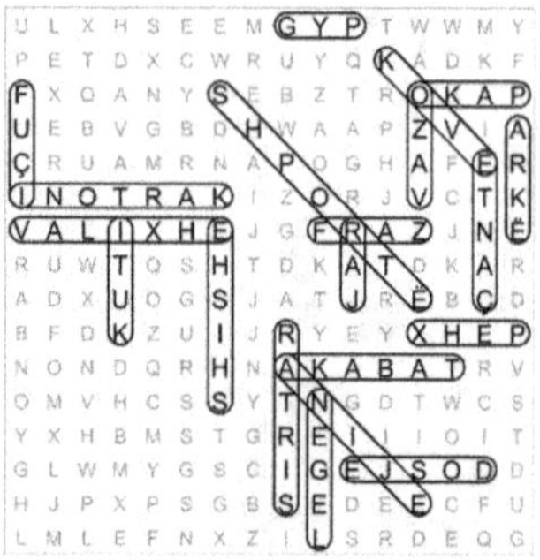

49 - Antiquités

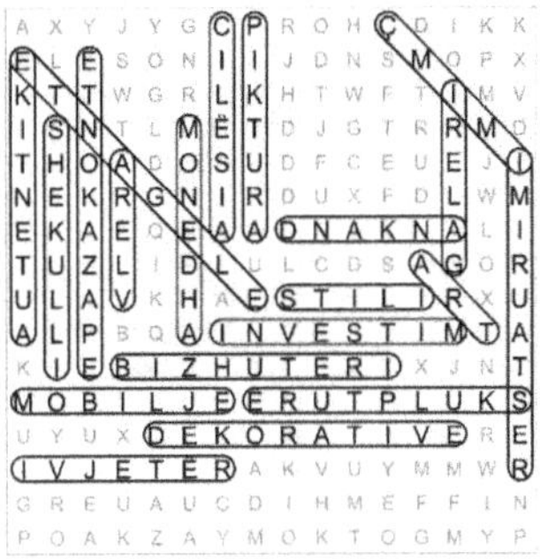

50 - Réchauffement Cli

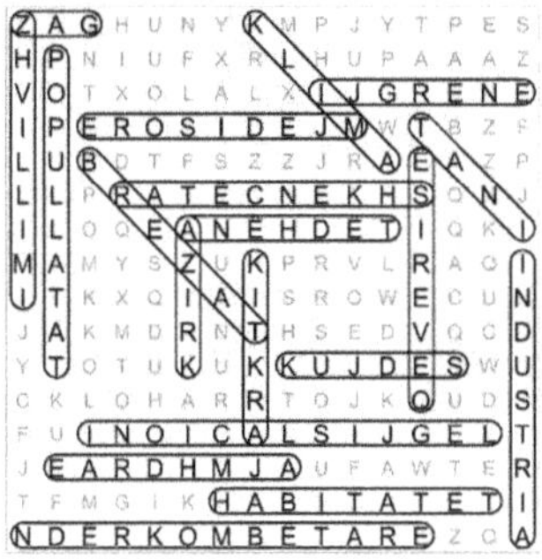

51 - Ballet

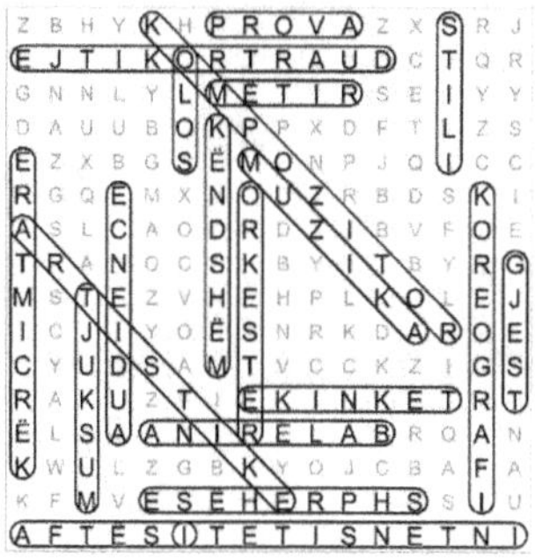

52 - Fruit

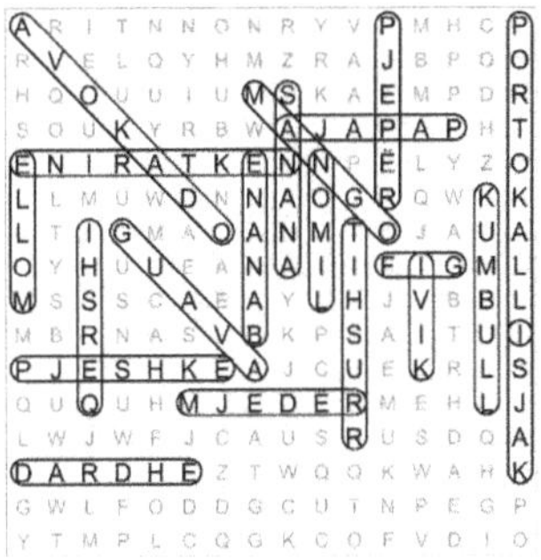

53 - Technologie

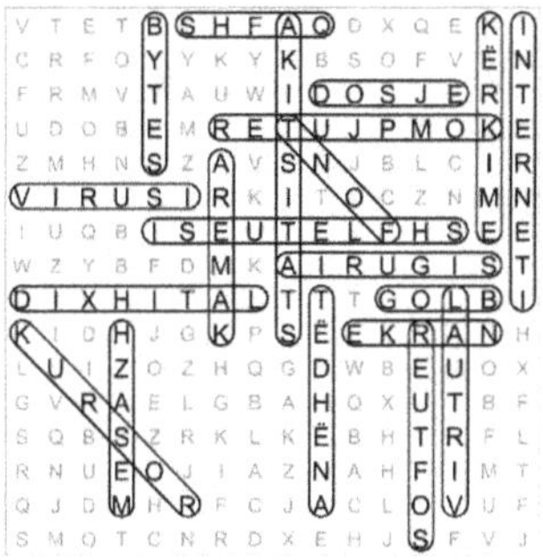

54 - Musique

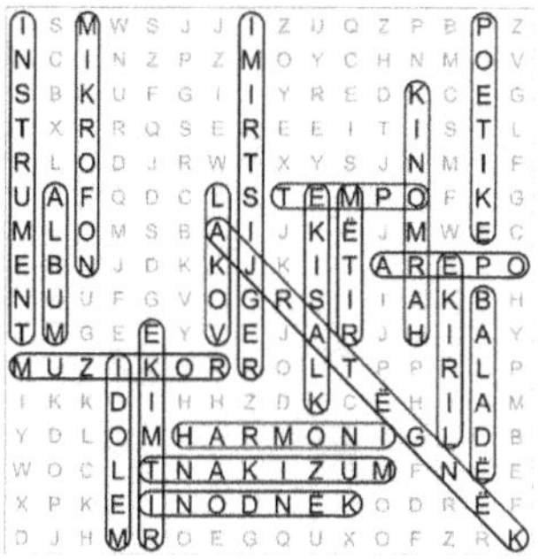

55 - L'Entreprise

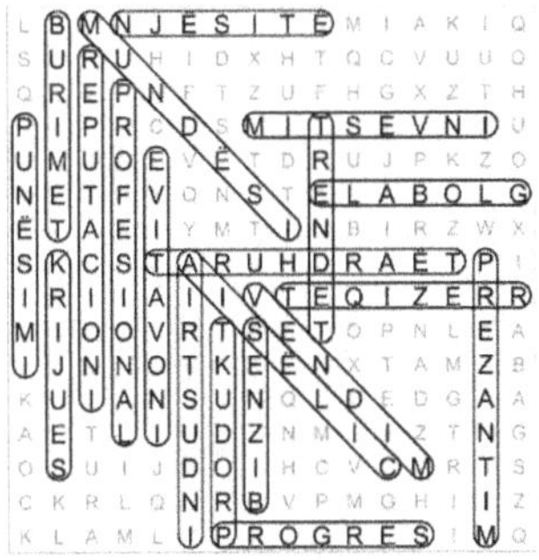

56 - Gouvernement

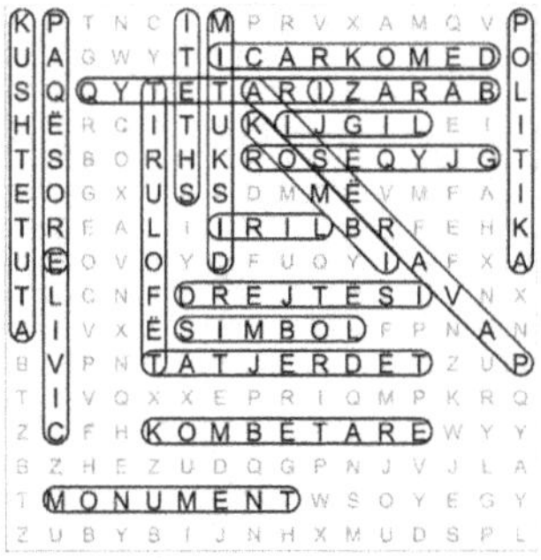

57 - Randonnée

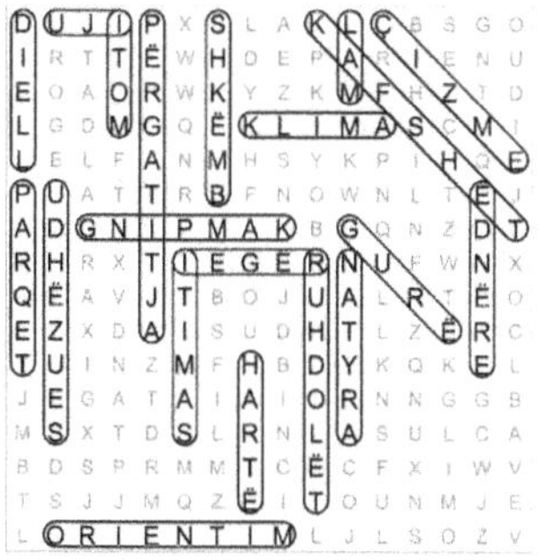

58 - Art

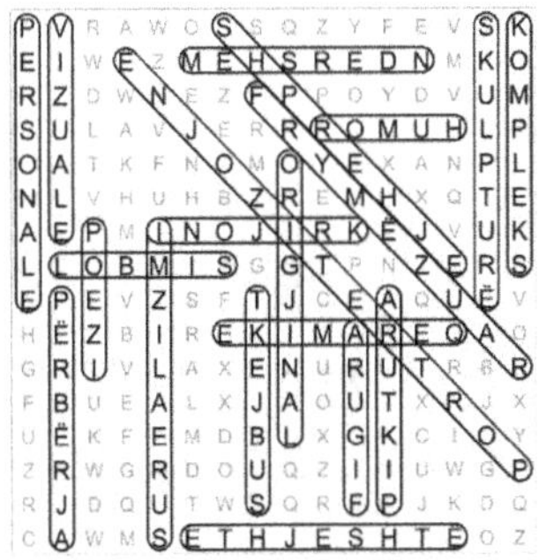

59 - Nutrition

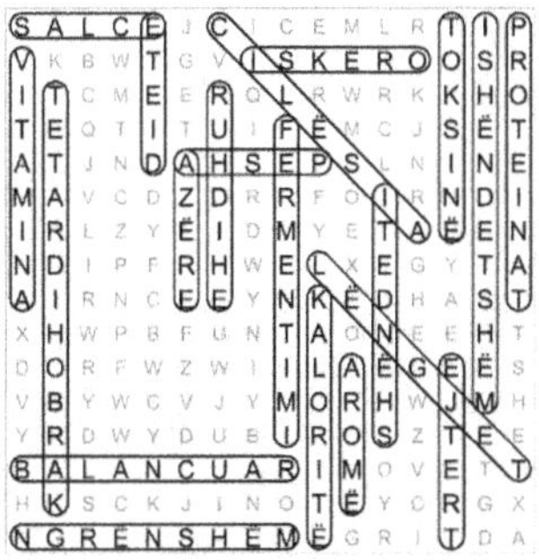

60 - Créativité

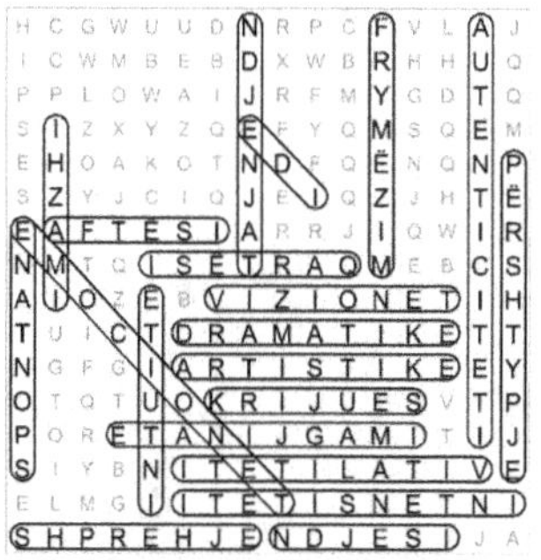

61 - Science Fiction

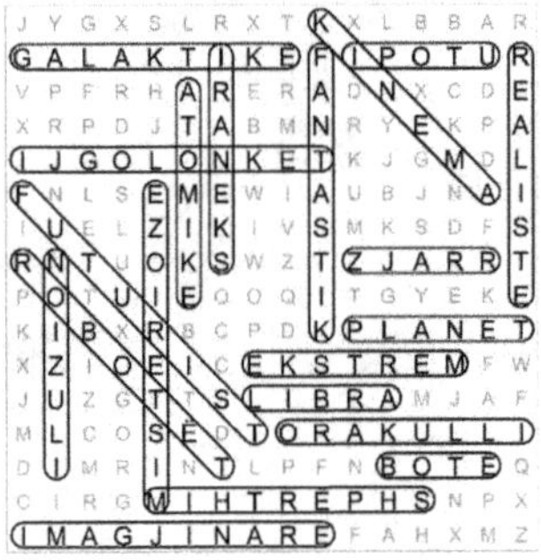

62 - Professions #1

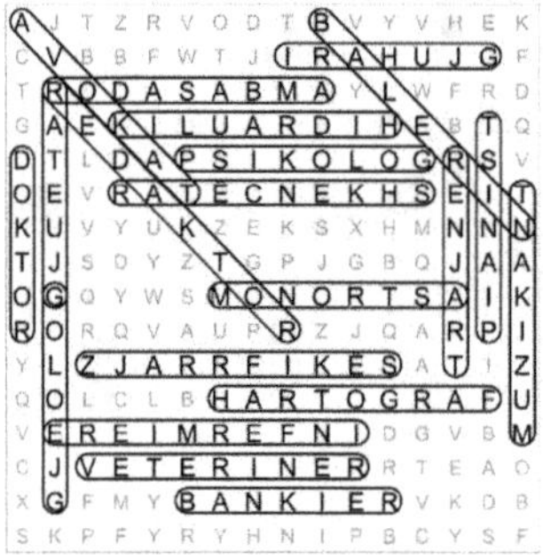

63 - Géologie

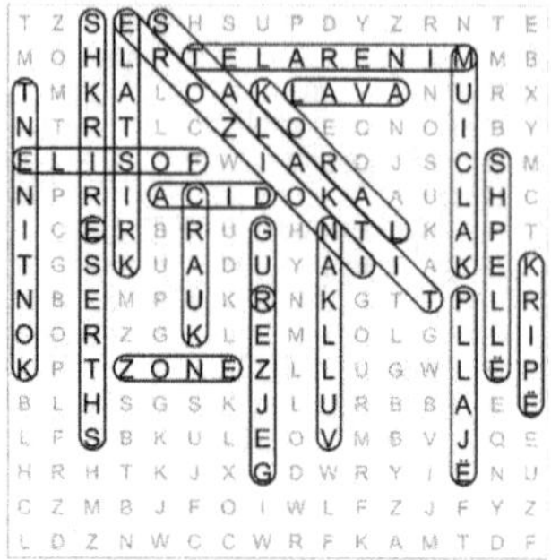

64 - Jardin

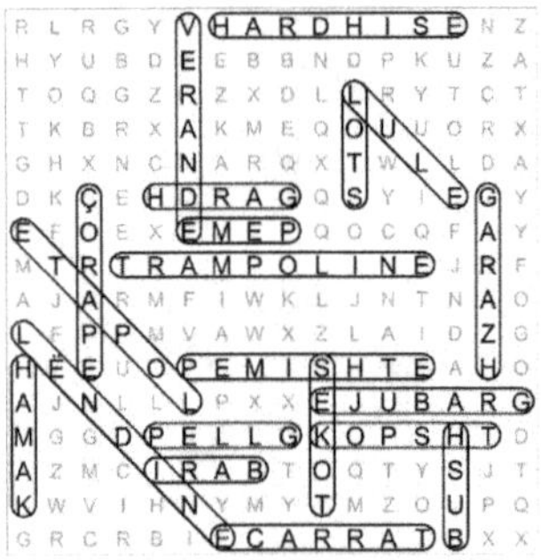

65 - Santé et Bien Être #1

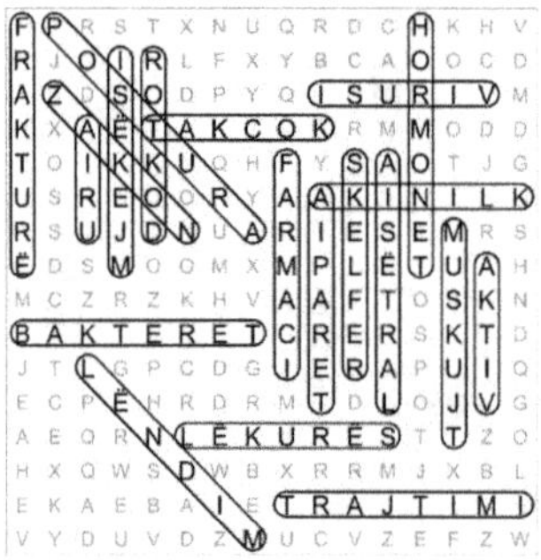

66 - Barbecues

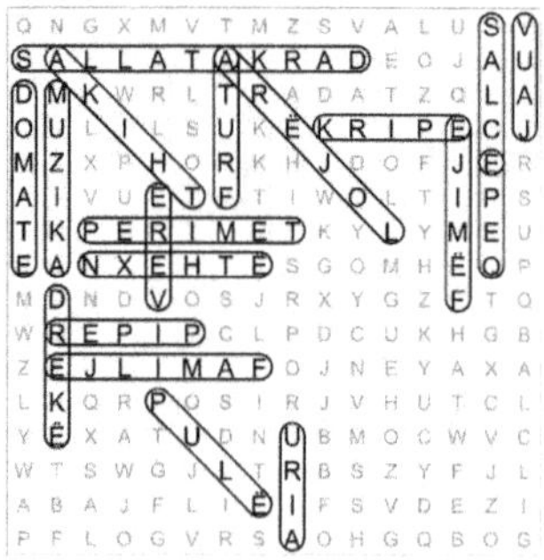

67 - Forêt Tropicale

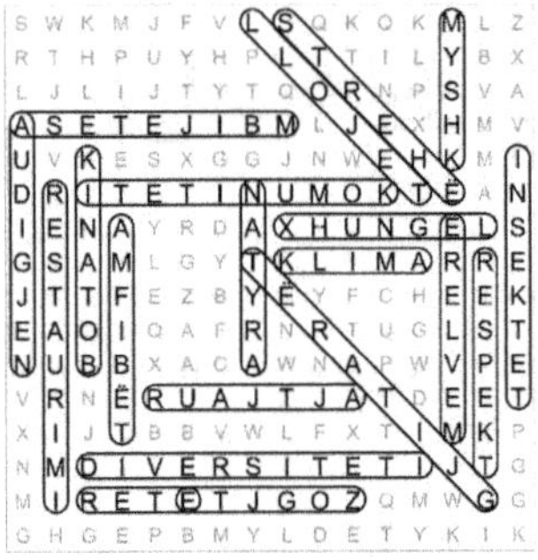

68 - Insectes

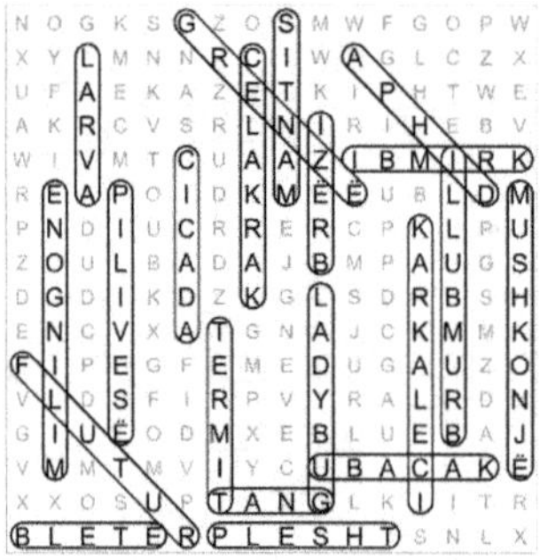

69 - Ferme #1

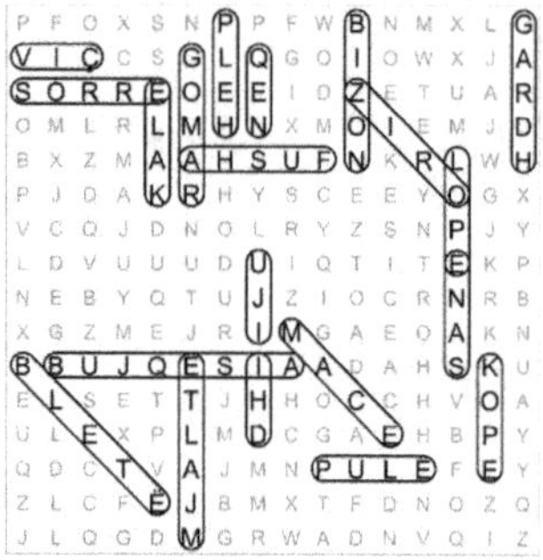

70 - Antarctique

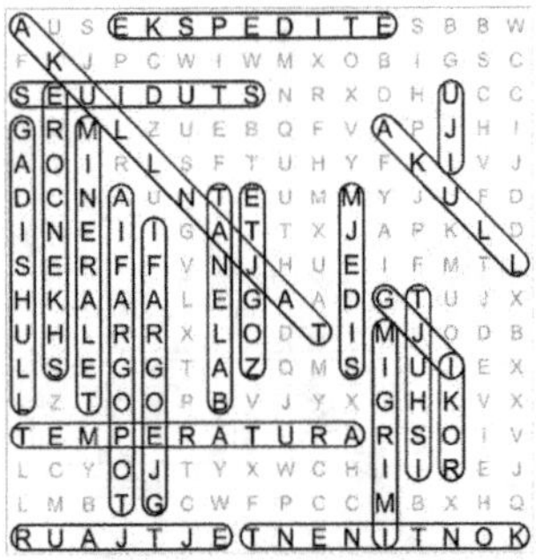

71 - Professions #2

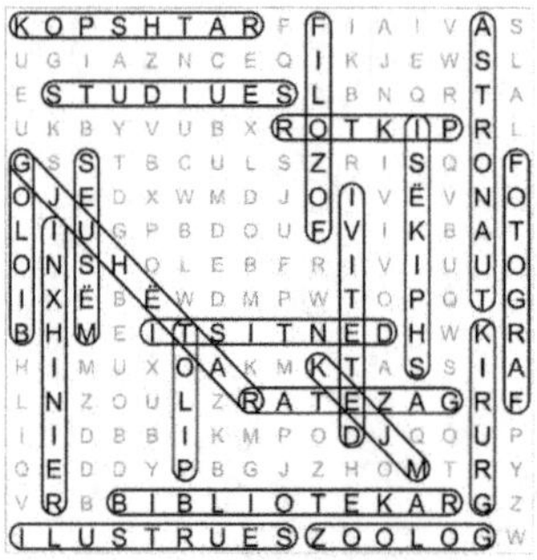

72 - Les Abeilles

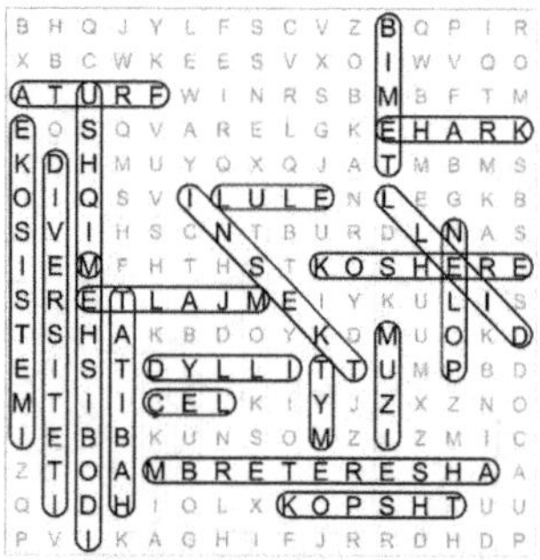

73 - Santé et Bien Être #2

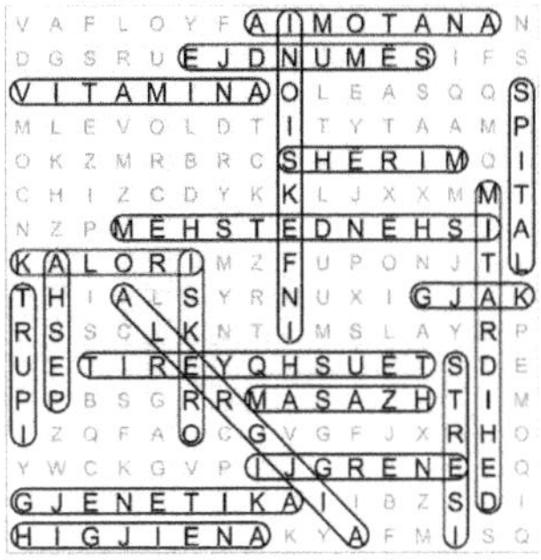

74 - Conduite

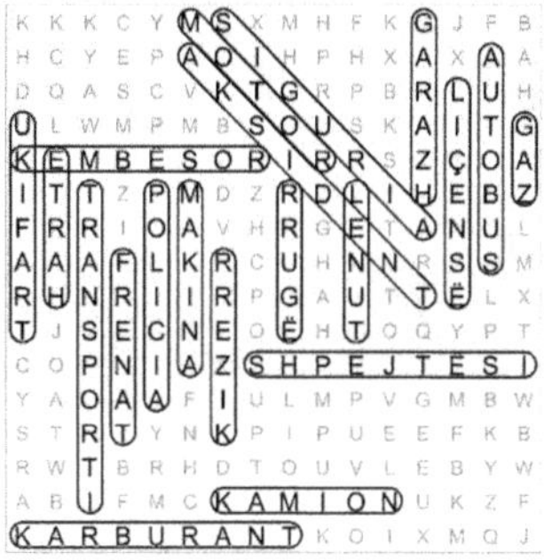

75 - Plantes

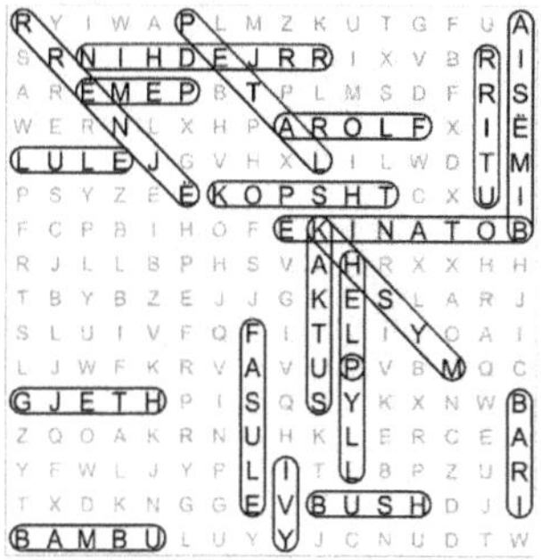

76 - Ferme #2

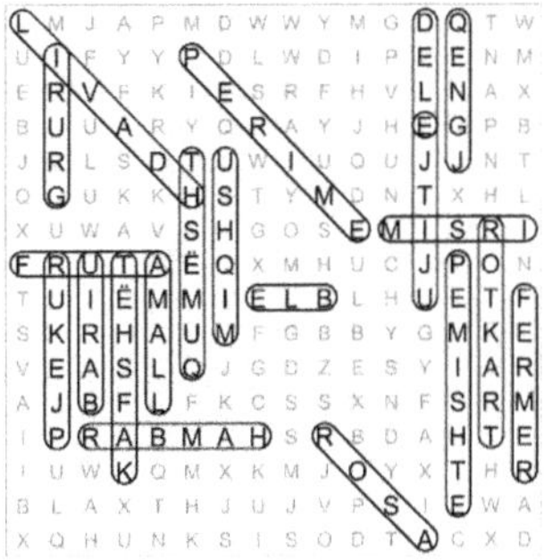

77 - Vacances #2

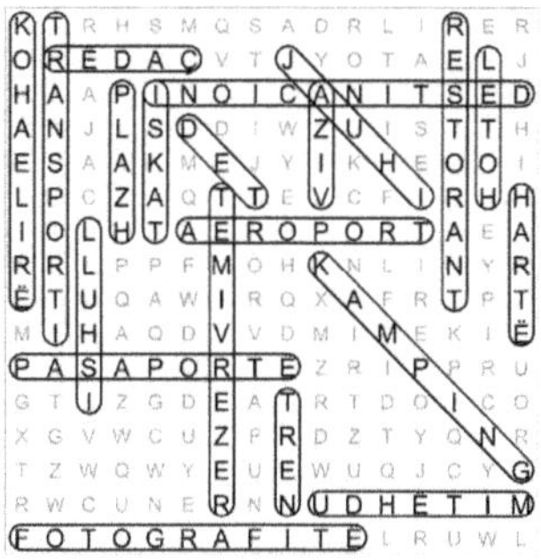

78 - Éthique

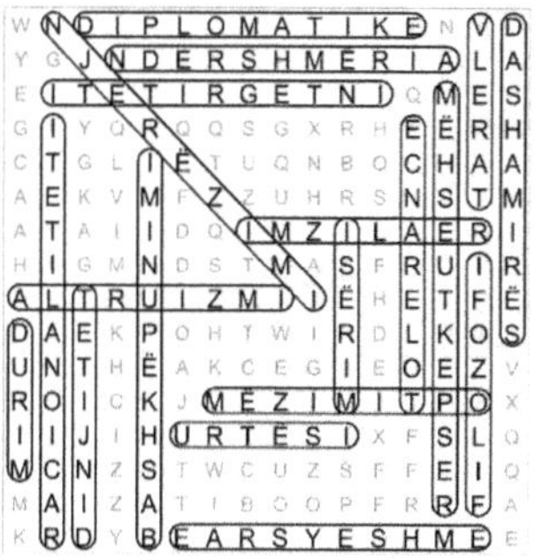

79 - Temps

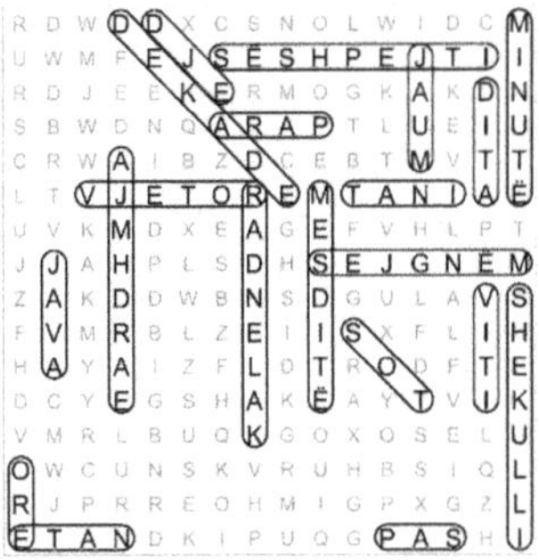

80 - Maison

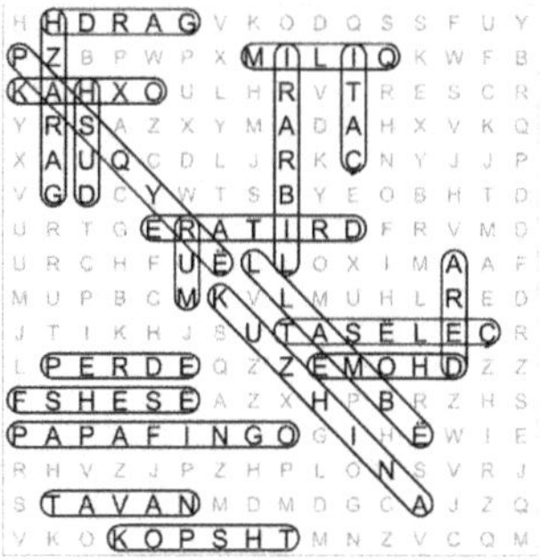

81 - Légumes

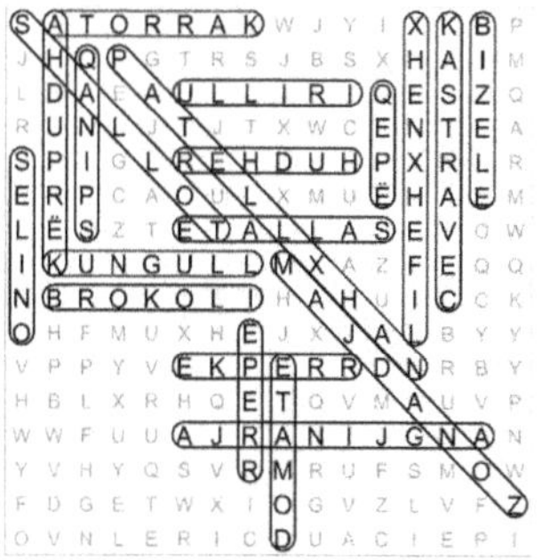

82 - Famille

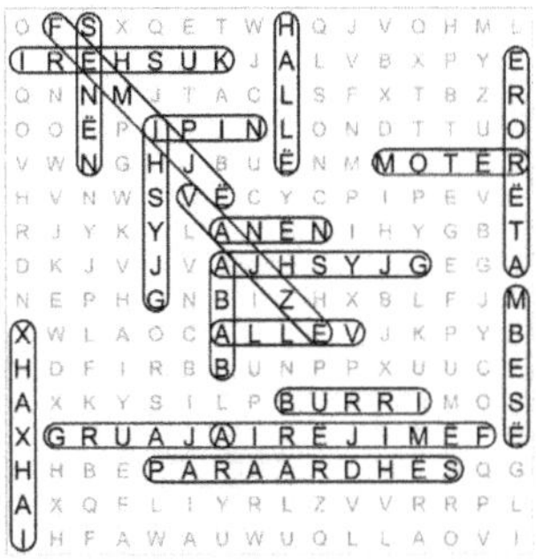

83 - Oiseaux

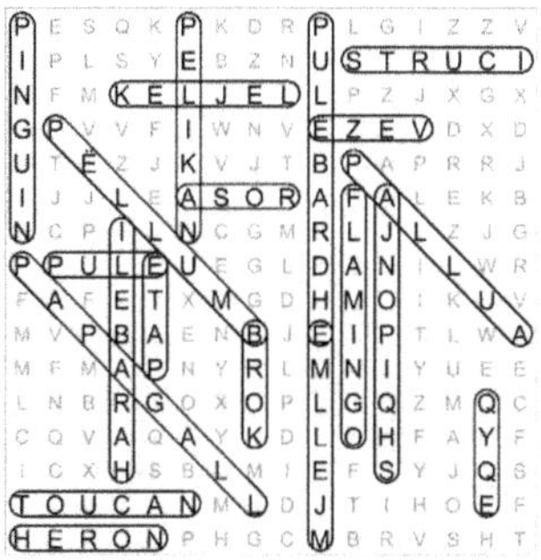

84 - Disciplines Scientifiques

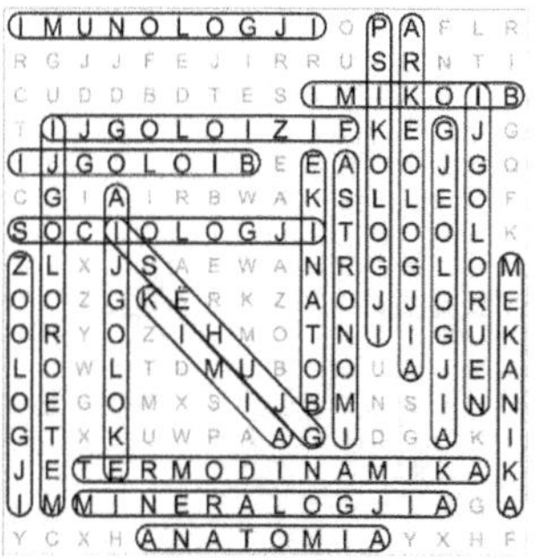

85 - Maladie

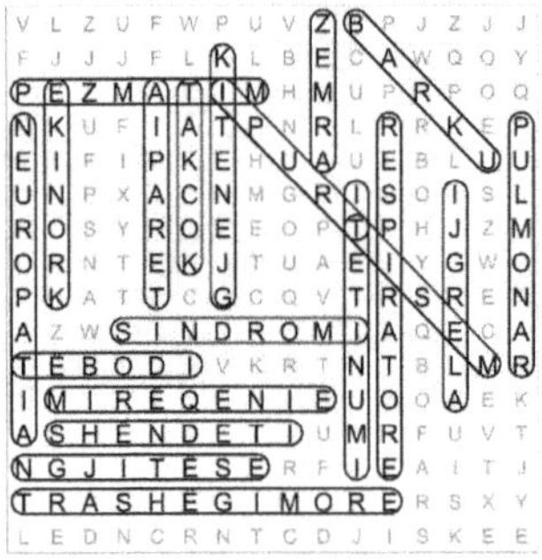

86 - Univers

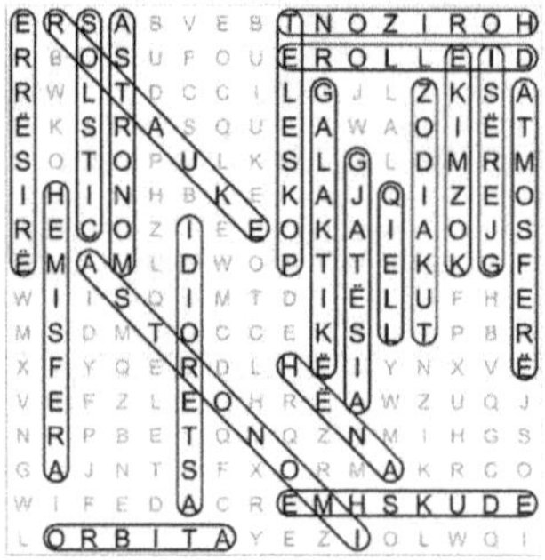

87 - Géographie

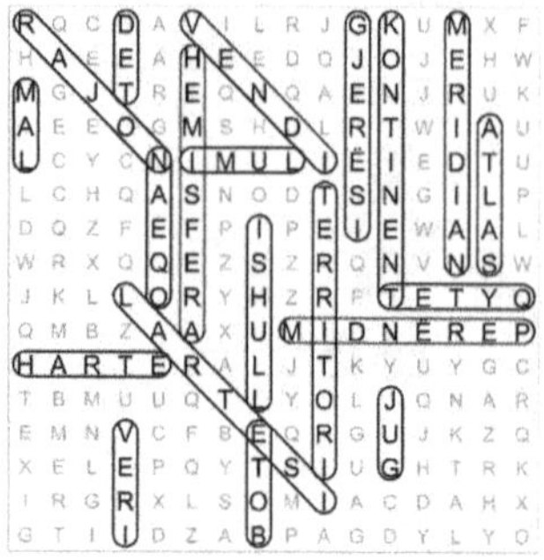

88 - Bâtiments

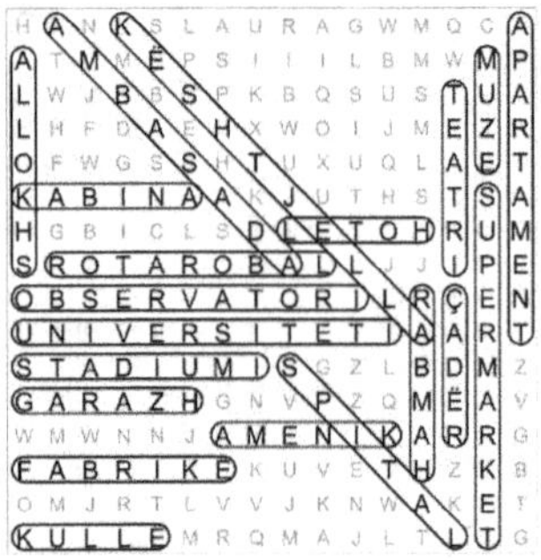

89 - Activités et Loisirs

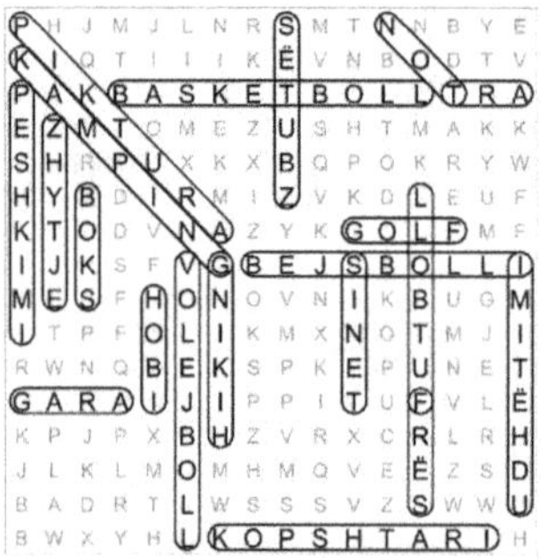

90 - Livres

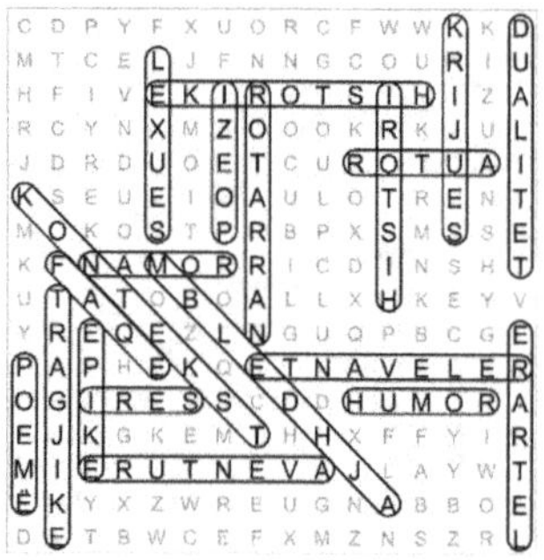

91 - Pays #2

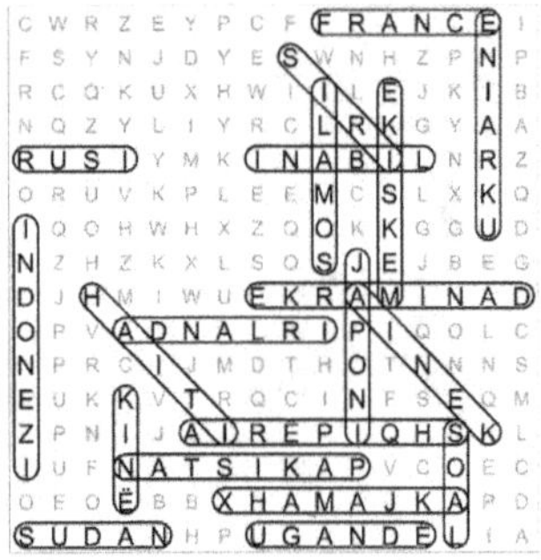

92 - Fournitures d'Art

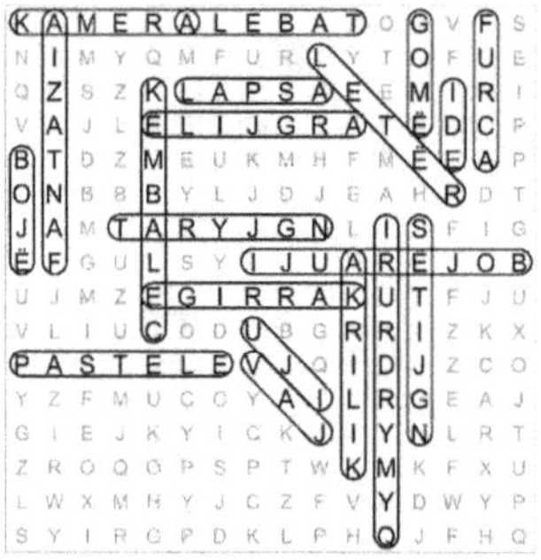

93 - Jazz

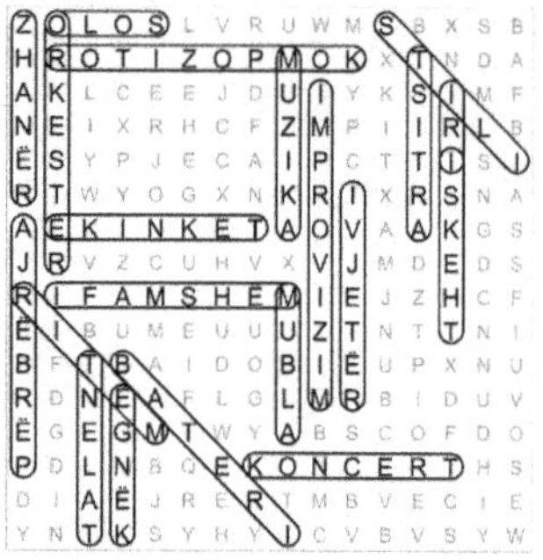

94 - Paysages

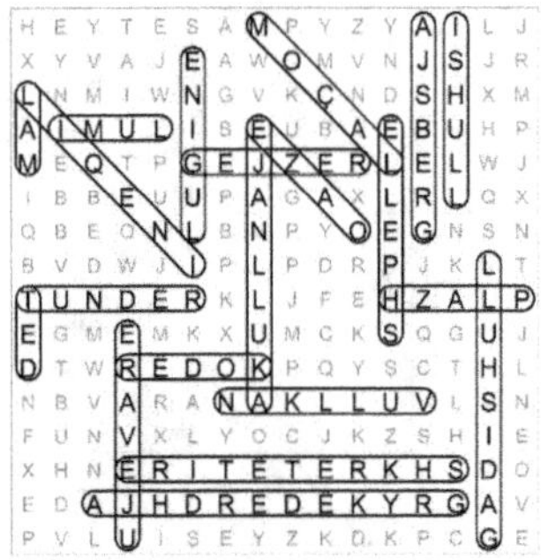

95 - Pays #1

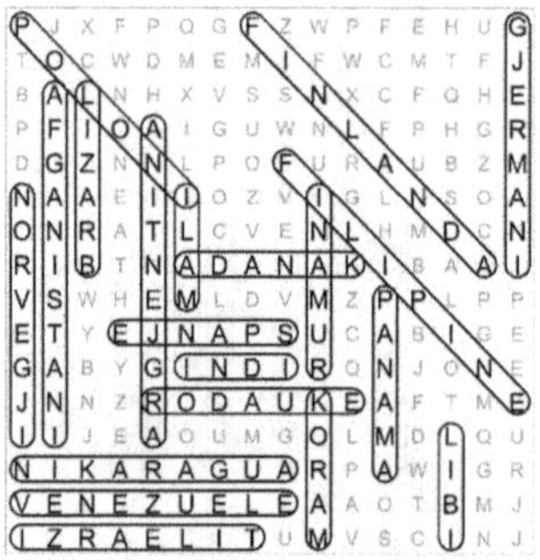

96 - Psychologie

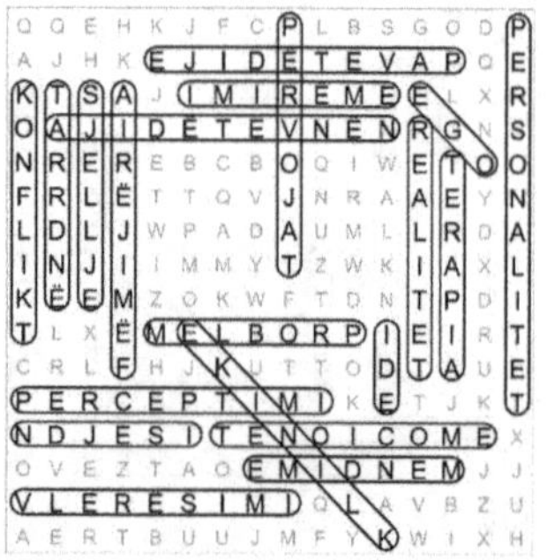

97 - Nature

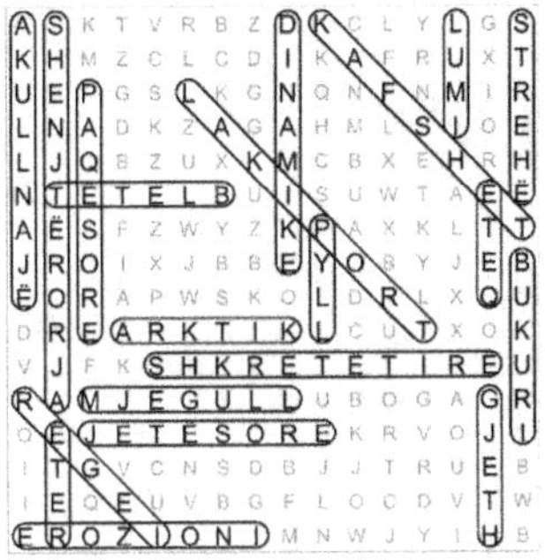

98 - Chimie

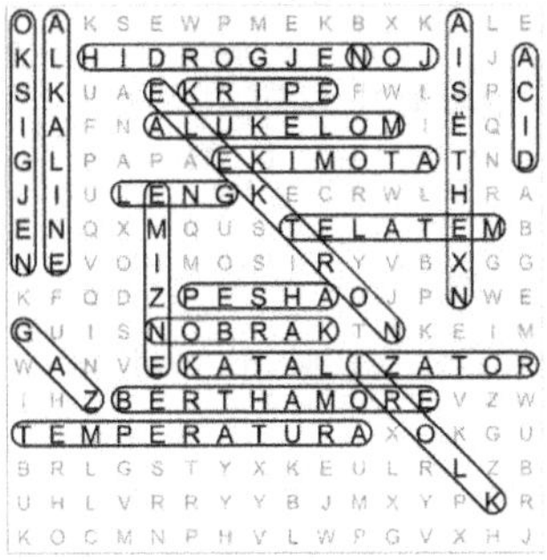

99 - Bateaux

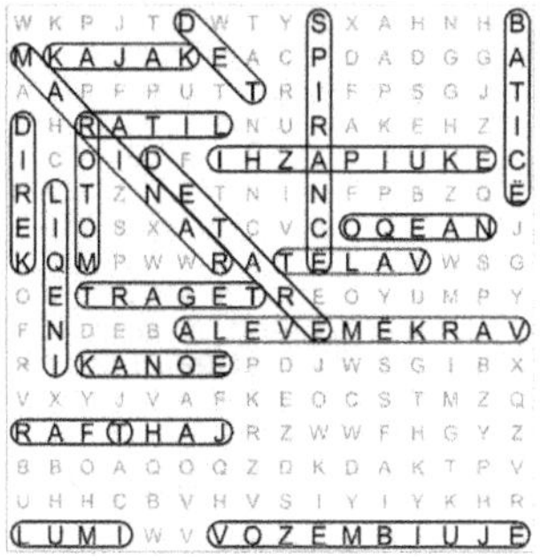

100 - Mesures

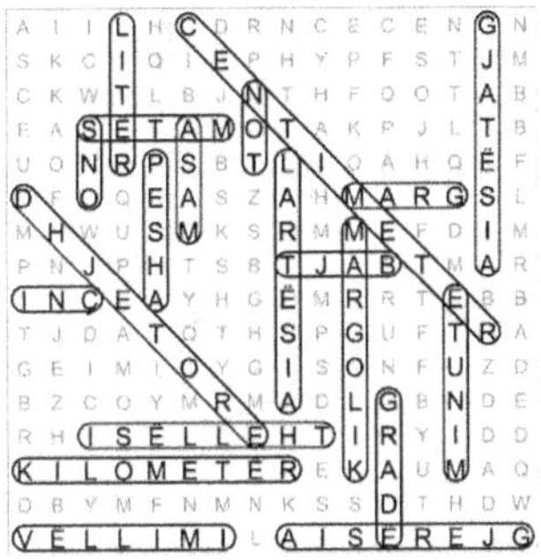

Dictionnaire

Activités
Aktivitetet

Activité	Aktiviteti
Art	Art
Artisanat	Zanatet
Camping	Kamping
Céramique	Qeramika
Chasse	Gjuetia
Compétence	Aftësi
Couture	Qepje
Intérêts	Interesat
Jardinage	Kopshtari
Jeux	Lojëra
Lecture	Leximi
Loisir	Koha e Lirë
Magie	Magji
Peinture	Piktura
Pêche	Peshkimi
Photographie	Fotografi
Plaisir	Kënaqësi
Randonnée	Hiking
Relaxation	Çlodhje

Activités et Loisirs
Aktivitetet dhe Koha e L

Art	Art
Base-Ball	Bejsbolli
Basket-Ball	Basketboll
Boxe	Boks
Camping	Kamping
Course	Gara
Football	Futboll
Golf	Golf
Jardinage	Kopshtari
Nager	Not
Passe-Temps	Hobi
Peinture	Piktura
Pêche	Peshkimi
Plongée	Zhytje
Randonnée	Hiking
Relaxant	Zbutës
Surf	Sërf
Tennis	Tenis
Volley-Ball	Volejboll
Voyage	Udhëtimi

Adjectifs #1
Mbiemrat #1

Absolu	Absolute
Actif	Aktiv
Ambitieux	Ambicioze
Aromatique	Aromatike
Artistique	Artistike
Attractif	Tërheqëse
Beau	E Bukur
Exotique	Ekzotike
Énorme	I Madh
Généreux	Bujar
Honnête	Ndershëm
Identique	Identike
Important	E Rëndësishme
Innocent	Të Pafajshëm
Jeune	I Ri
Lent	Ngathët
Lourd	E Rëndë
Mince	I Hollë
Moderne	Moderne
Parfait	Perfekt

Adjectifs #2
Mbiemrat #2

Authentique	Autentike
Célèbre	I Famshëm
Créatif	Krijues
Descriptif	Përshkrues
Doué	Të Talentuar
Dramatique	Dramatike
Élégant	Elegante
Fier	Krenar
Fort	I Fortë
Intéressant	Interesante
Naturel	Natyrore
Nouveau	I Ri
Productif	Produktive
Puissant	I Fuqishëm
Pur	I Pastër
Responsable	Përgjegjës
Sain	I Shëndetshëm
Salé	E Kripur
Sauvage	I Egër
Sec	Thatë

Agronomie
Agronomia

Agriculture	Bujqësia
Croissance	Rritja
Eau	Uji
Engrais	Pleh
Environnement	Mjedis
Écologie	Ekologjia
Énergie	Energji
Érosion	Erozioni
Étude	Studim
Graines	Fara
Identification	Identifikimi
Légumes	Perimet
Maladies	Sëmundjet
Nourriture	Ushqim
Pollution	Ndotja
Production	Prodhimi
Recherche	Kërkime
Rural	Rurale
Science	Shkenca
Systèmes	Sistemet

Algèbre
Algjebra

Diagramme	Diagramë
Exposant	Eksponent
Équation	Ekuacioni
Facteur	Faktori
Faux	I Rremë
Formule	Formulë
Fraction	Thyesë
Graphique	Grafik
Infini	Pafund
Linéaire	Lineare
Matrice	Matricë
Nombre	Numër
Parenthèse	Kllapa
Problème	Problem
Quantité	Sasi
Simplifier	Thjeshtoj
Solution	Zgjidhje
Soustraction	Zbritja
Variable	Variabël
Zéro	Zero

Antarctique
Antarktidë

Baie	Gji
Baleines	Balenat
Chercheur	Studiues
Conservation	Ruajtje
Continent	Kontinent
Eau	Uji
Environnement	Mjedis
Expédition	Ekspeditë
Géographie	Gjeografi
Glace	Akull
Glaciers	Akullnajat
Îles	Ishujt
Migration	Migrimi
Minéraux	Mineralet
Oiseaux	Zogjtë
Péninsule	Gadishull
Rocheux	Roki
Scientifique	Shkencore
Température	Temperatura
Topographie	Topografia

Antiquités
Antike

Art	Art
Authentique	Autentike
Bijoux	Bizhuteri
Décoratif	Dekorative
Enchères	Ankand
Élégant	Elegante
Galerie	Galeri
Inhabituel	E Pazakontë
Investissement	Investim
Meubles	Mobilje
Peintures	Piktura
Pièces	Monedha
Prix	Çmimi
Qualité	Cilësia
Restauration	Restaurimi
Sculpture	Skulpturë
Siècle	Shekulli
Style	Stili
Valeur	Vlera
Vieux	I Vjetër

Archéologie
Arkeologjia

Analyse	Analiza
Antiquité	Lashtësia
Chercheur	Studiues
Civilisation	Qytetërimi
Descendant	Pasardhës
Expert	Ekspert
Ère	Epokë
Équipe	Ekipi
Évaluation	Vlerësimi
Fossile	Fosile
Inconnu	Panjohur
Mystère	Mister
Objets	Objekte
Os	Kockat
Oublié	Harruar
Poterie	Qeramikë
Professeur	Profesor
Relique	Relike
Temple	Tempull
Tombe	Varri

Art
Art

Céramique	Qeramike
Complexe	Kompleks
Composition	Përbërja
Créer	Krijoni
Dépeindre	Portretizojnë
Expression	Shprehje
Figure	Figura
Honnête	Ndershëm
Humeur	Humor
Inspiré	Frymëzuar
Original	Origjinal
Peintures	Piktura
Personnel	Personale
Poésie	Poezi
Sculpture	Skulpturë
Simple	E Thjeshtë
Sujet	Subjekt
Surréalisme	Surealizmi
Symbole	Simbol
Visuel	Vizuale

Arts Visuels
Artet Pamore

Architecture	Arkitekturë
Argile	Balta
Artiste	Artist
Céramique	Qeramikë
Charbon	Qymyr Druri
Chef-D'Œuvre	Kryevepër
Chevalet	Këmbalec
Cire	Dylli
Composition	Përbërja
Craie	Shkumës
Crayon	Laps
Créativité	Krijimtari
Film	Film
Peinture	Pikturë
Perspective	Perspektivë
Pochoir	Klishe
Portrait	Portret
Sculpture	Skulpturë
Stylo	Stilolaps
Vernis	Llak

Astronomie
Astronomi

Astéroïde	Asteroidi
Astronaute	Astronaut
Astronome	Astronom
Ciel	Qiell
Constellation	Plojësi
Cosmos	Kozmosi
Éclipse	Eklips
Équinoxe	Ekuinoksi
Fusée	Raketë
Galaxie	Galaktikë
Lune	Hëna
Météore	Meteor
Nébuleuse	Mjegullnaja
Observatoire	Observatori
Planète	Planet
Radiation	Rrezatimi
Solaire	Diellore
Supernova	Supernova
Terre	Toka
Univers	Gjithësi

Aventure
Aventurë

Activité	Aktiviteti
Beauté	Bukuri
Bravoure	Trimëri
Dangereux	E Rrezikshme
Destination	Destinacioni
Défis	Sfidat
Difficulté	Vështirësi
Enthousiasme	Entuziazmi
Excursion	Ekskursion
Inhabituel	E Pazakontë
Itinéraire	Itinerari
Joie	Gëzim
Nature	Natyra
Navigation	Navigacion
Nouveau	I Ri
Opportunité	Mundësi
Préparation	Përgatitja
Sécurité	Siguria
Surprenant	Befasuese
Voyages	Udhëtimet

Avions
Aeroplanët

Air	Ajri
Altitude	Lartësi
Atmosphère	Atmosferë
Atterrissage	Ulje
Aventure	Aventurë
Ballon	Tullumbace
Carburant	Karburant
Ciel	Qiell
Construction	Ndërtimi
Descente	Zbritje
Direction	Drejtim
Équipage	Ekuipazhi
Gonfler	Fryj
Hauteur	Lartësia
Histoire	Histori
Hydrogène	Hidrogjen
Moteur	Motor
Passager	Pasagjer
Pilote	Pilot
Turbulence	Turbullira

Ballet
Baletit

Applaudissement	Duartrokitje
Artistique	Artistike
Ballerine	Balerina
Chorégraphie	Koreografi
Compétence	Aftësi
Compositeur	Kompozitor
Danseurs	Kërcimtarë
Expressif	Shprehëse
Geste	Gjest
Gracieux	Këndshëm
Intensité	Intensiteti
Muscles	Muskujt
Musique	Muzika
Orchestre	Orkestër
Public	Audiencë
Répétition	Prova
Rythme	Ritëm
Solo	Solo
Style	Stili
Technique	Teknikë

Barbecues
Barbekju

Chaud	Nxehtë
Couteaux	Thika
Déjeuner	Drekë
Dîner	Darka
Enfants	Fëmijë
Été	Verë
Faim	Uria
Famille	Familje
Fruit	Fruta
Gril	Vuaj
Jeux	Lojëra
Légumes	Perimet
Musique	Muzika
Oignons	Qepë
Poivre	Piper
Poulet	Pulë
Salades	Sallata
Sauce	Salcë
Sel	Kripë
Tomates	Domate

Bateaux
Varkat

Ancre	Spirancë
Bouée	Vozë mbi Ujë
Canoë	Kanoe
Corde	Litar
Équipage	Ekuipazhi
Ferry	Traget
Fleuve	Lumi
Kayak	Kajak
Lac	Liqeni
Marée	Baticë
Marin	Marinar
Mât	Direk
Mer	Det
Moteur	Motor
Nautique	Detare
Océan	Oqean
Radeau	Raft
Vagues	Valët
Voilier	Varkë me Vela
Yacht	Jaht

Bâtiments
Ndërtesat

Ambassade	Ambasada
Appartement	Apartament
Cabine	Kabina
Château	Kështjella
Cinéma	Kinema
École	Shkolla
Garage	Garazh
Grange	Hambar
Hôpital	Spital
Hôtel	Hotel
Laboratoire	Laborator
Musée	Muze
Observatoire	Observatori
Stade	Stadiumi
Supermarché	Supermarket
Tente	Çadër
Théâtre	Teatri
Tour	Kullë
Université	Universiteti
Usine	Fabrikë

Biologie
Biologjia

Anatomie	Anatomia
Bactéries	Bakteret
Cellule	Qeli
Chromosome	Kromozom
Collagène	Kolazhn
Embryon	Embrioni
Enzyme	Enzimë
Évolution	Evolucioni
Hormone	Hormon
Mammifère	Gjitar
Mutation	Mutacion
Naturel	Natyrore
Nerf	Nervor
Neurone	Neuron
Osmose	Osmozë
Photosynthèse	Fotosinteza
Protéine	Proteina
Reptile	Zvarranik
Symbiose	Simbiozë
Synapse	Sinapsi

Camping
Kampingu

Animaux	Kafshët
Aventure	Aventurë
Boussole	Busull
Cabine	Kabina
Canoë	Kanoe
Carte	Hartë
Chapeau	Kapelë
Chasse	Gjuetia
Corde	Litar
Équipement	Pajisje
Feu	Zjarr
Forêt	Pyll
Hamac	Hamak
Insecte	Insekt
Lac	Liqeni
Lanterne	Fanar
Lune	Hëna
Montagne	Mal
Nature	Natyra
Tente	Çadër

Chimie
Kimia

Acide	Acid
Alcalin	Alkaline
Atomique	Atomike
Carbone	Karbon
Catalyseur	Katalizator
Chaleur	Nxehtësia
Chlore	Klori
Enzyme	Enzimë
Électron	Elektron
Gaz	Gaz
Hydrogène	Hidrogjen
Ion	Jon
Liquide	Lëng
Métaux	Metalet
Molécule	Molekula
Nucléaire	Bërthamore
Oxygène	Oksigjen
Poids	Pesha
Sel	Kripë
Température	Temperatura

Chocolat
Çokollatë

Amer	E Hidhur
Antioxydant	Antioksidues
Bonbon	Karamele
Cacahuètes	Kikirikët
Cacao	Kakao
Calories	Kaloritë
Caramel	Karamel
Délicieux	E Shijshme
Doux	E Ëmbël
Envie	Mall
Exotique	Ekzotike
Favori	E Preferuara
Goût	Shije
Ingrédient	Përbërës
Noix de Coco	Kokosi
Poudre	Pluhur
Qualité	Cilësia
Recette	Receta
Saveur	Aromë
Sucre	Sheqer

Conduite
Ngasja

Accident	Aksident
Bus	Autobus
Camion	Kamion
Carburant	Karburant
Carte	Hartë
Danger	Rrezik
Freins	Frenat
Garage	Garazh
Gaz	Gaz
Licence	Liçensë
Moteur	Motor
Piéton	Këmbësor
Police	Policia
Route	Rrugë
Sécurité	Siguria
Trafic	Trafiku
Transport	Transporti
Tunnel	Tunel
Vitesse	Shpejtësi
Voiture	Makina

Corps Humain
Trupi i Njeriut

Bouche	Goja
Cerveau	Truri
Cheville	Kyçri
Cou	Qafë
Coude	Bërryl
Cœur	Zemra
Doigt	Gishti
Estomac	Bark
Épaule	Sup
Genou	Gju
Lèvres	Buzët
Main	Dorë
Mâchoire	Nofulla
Menton	Mjekër
Nez	Hundë
Oreille	Vesh
Peau	Lëkurës
Sang	Gjak
Tête	Kokë
Visage	Fytyra

Créativité
Kreativiteti

Artistique	Artistike
Authenticité	Autenticiteti
Clarté	Qartësi
Compétence	Aftësi
Dramatique	Dramatike
Expression	Shprehje
Émotions	Emocionet
Idées	Ide
Image	Imazhi
Imagination	Imagjinatë
Impression	Përshtypje
Inspiration	Frymëzim
Intensité	Intensiteti
Intuition	Intuitë
Inventif	Krijues
Sensation	Ndjesi
Sentiments	Ndjenjat
Spontané	Spontane
Visions	Vizionet
Vitalité	Vitaliteti

Diplomatie
Diplomacia

Ambassade	Ambasada
Ambassadeur	Ambasador
Citoyens	Qytetarët
Civique	Qytetare
Communauté	Komuniteti
Conflit	Konflikt
Conseiller	Këshilltar
Coopération	Bashkëpunimi
Diplomatique	Diplomatike
Discussion	Diskutim
Éthique	Etika
Gouvernement	Qeverisë
Humanitaire	Humanitar
Intégrité	Integriteti
Justice	Drejtësi
Politique	Politika
Résolution	Rezolutë
Sécurité	Siguria
Solution	Zgjidhje
Traité	Traktati

Disciplines Scientifiques
Disiplinat Shkencore

Anatomie	Anatomia
Archéologie	Arkeologjia
Astronomie	Astronomi
Biochimie	Biokimi
Biologie	Biologji
Botanique	Botanikë
Chimie	Kimia
Écologie	Ekologjia
Géologie	Gjeologjia
Immunologie	Imunologji
Linguistique	Gjuhësi
Mécanique	Mekanika
Météorologie	Meteorologji
Minéralogie	Mineralogjia
Neurologie	Neurologji
Physiologie	Fiziologji
Psychologie	Psikologji
Sociologie	Sociologji
Thermodynamique	Termodinamika
Zoologie	Zoologji

Entreprise
Biznesit

Argent	Paratë
Boutique	Dyqan
Budget	Buxhet
Bureau	Zyrë
Carrière	Karrierë
Coût	Kosto
Devise	Valuta
Employeur	Punëdhënësi
Employé	Punonjës
Entreprise	Kompani
Économie	Ekonomi
Finance	Financa
Impôts	Taksat
Investissement	Investim
Marchandise	Mallin
Profit	Fitimi
Revenu	Të Ardhura
Transaction	Transaksion
Usine	Fabrikë
Vente	Shitje

Énergie
Energjisë

Batterie	Bateri
Carbone	Karbon
Carburant	Karburant
Chaleur	Nxehtësia
Diesel	Naftë
Entropie	Entropia
Environnement	Mjedis
Essence	Benzinë
Électrique	Elektrike
Électron	Elektron
Hydrogène	Hidrogjen
Industrie	Industria
Moteur	Motor
Nucléaire	Bërthamore
Photon	Foton
Pollution	Ndotja
Renouvelable	Rinovueshme
Soleil	Diell
Turbine	Turbinë
Vent	Era

Épices
Melmesat

Aigre	Kosi
Ail	Hudhër
Amer	E Hidhur
Anis	Anise
Cannelle	Kanellë
Cardamome	Kardamom
Coriandre	Koriandër
Cumin	Qimnon
Curry	Kerri
Fenouil	Kopër
Gingembre	Xhenxhefil
Muscade	Arrëmyshk
Oignon	Qepë
Paprika	Spec i Kuq
Poivre	Piper
Réglisse	Jamball
Safran	Shafran
Saveur	Aromë
Sel	Kripë
Vanille	Vanilje

Éthique
Etika

Altruisme	Altruizmi
Bienveillant	Dashamirës
Compassion	Dhembshuri
Coopération	Bashkëpunimi
Dignité	Dinjitet
Diplomatique	Diplomatike
Gentillesse	Mirësi
Honnêteté	Ndershmëria
Humanité	Njerëzimi
Intégrité	Integriteti
Optimisme	Optimizëm
Patience	Durim
Philosophie	Filozofi
Raisonnable	E Arsyeshme
Rationalité	Racionaliteti
Respectueux	Respektueshëm
Réalisme	Realizmi
Sagesse	Urtësi
Tolérance	Tolerancë
Valeurs	Vlerat

Famille
Familja

Ancêtre	Paraardhës
Cousin	Kushëri
Enfance	Fëmijëria
Enfant	Fëmijë
Femme	Gruaja
Fille	Vajzë
Frère	Vëlla
Grand-Mère	Gjyshja
Grand-Père	Gjyshi
Mari	Burri
Maternel	Nënës
Mère	Nëna
Neveu	Nipi
Nièce	Mbesë
Oncle	Xhaxhai
Paternel	Atërore
Petit-Fils	Nipi
Père	Baba
Soeur	Motër
Tante	Hallë

Ferme #1
Ferma Numër 1

Abeille	Bletë
Agriculture	Bujqësia
Âne	Gomar
Bison	Bizon
Champ	Fusha
Chat	Mace
Cheval	Kalë
Chèvre	Dhi
Chien	Qen
Clôture	Gardh
Corbeau	Sorrë
Eau	Uji
Engrais	Pleh
Foin	Sanë
Miel	Mjaltë
Poulet	Pulë
Riz	Oriz
Troupeau	Kope
Vache	Lopë
Veau	Viç

Ferme #2
Ferma Numër 2

Agneau	Qengj
Agriculteur	Fermer
Animaux	Kafshët
Berger	Bariu
Blé	Gruri
Canard	Rosa
Fruit	Fruta
Grange	Hambar
Irrigation	Ujitje
Lait	Qumësht
Lama	Llama
Légume	Perime
Maïs	Misri
Mouton	Dele
Mûr	Pjekur
Nourriture	Ushqim
Orge	Elb
Pré	Livadh
Tracteur	Traktor
Verger	Pemishte

Fleurs
Lule

Bouquet	Buqetë
Gardénia	Gardenia
Hibiscus	Hibiscus
Jasmin	Jasemini
Jonquille	Daffodil
Lavande	Livando
Lilas	Jargavan
Lys	Zambak
Magnolia	Magnolia
Marguerite	Daisy
Orchidée	Orkide
Passiflore	Lule Pasioni
Pavot	Lulëkuqe
Pétale	Petal
Pissenlit	Luleradhiqe
Pivoine	Bozhure
Rose	Trëndafil
Tournesol	Luledielli
Trèfle	Tërfili
Tulipe	Tulep

Force et Gravité
Forca dhe Graviteti

Axe	Aksi
Centre	Qendra
Découverte	Zbulimi
Distance	Distancë
Dynamique	Dinamike
Expansion	Zgjerimi
Friction	Fërkimi
Impact	Ndikimi
Magnétisme	Magnetizmi
Mécanique	Mekanika
Mouvement	Lëvizje
Orbite	Orbita
Physique	Fizika
Planètes	Planetet
Poids	Pesha
Pression	Presioni
Propriétés	Vetitë
Temps	Koha
Universel	Universale
Vitesse	Shpejtësi

Forêt Tropicale
Pyjet e Shiut

Amphibiens	Amfibët
Botanique	Botanik
Climat	Klima
Communauté	Komuniteti
Diversité	Diversiteti
Espèce	Llojet
Indigène	Audigjen
Insectes	Insektet
Jungle	Xhungël
Mammifères	Gjitarët
Mousse	Myshk
Nature	Natyra
Nuage	Retë
Oiseaux	Zogjtë
Précieux	Me Vlerë
Préservation	Ruajtja
Refuge	Strehë
Respect	Respekt
Restauration	Restaurimi
Survie	Mbijetesa

Formes
Format

Arc	Hark
Bords	Skajet
Carré	Sheshi
Cercle	Rreth
Coin	Qoshe
Courbe	Kurve
Cône	Kon
Côté	Anë
Cube	Kube
Cylindre	Cilindri
Ellipse	Elips
Hyperbole	Hiperbola
Ligne	Linjë
Ovale	Ovale
Polygone	Poligoni
Prisme	Prizëm
Pyramide	Piramida
Rectangle	Drejtkëndësh
Sphère	Sferë
Triangle	Trekëndësh

Fournitures d'Art
Furnizimet e Artit

Acrylique	Akrilik
Aquarelles	Bojëra Uji
Argile	Argjilë
Brosses	Furca
Caméra	Kamera
Chaise	Karrige
Charbon	Qymyr Druri
Chevalet	Këmbalec
Colle	Ngjitës
Couleurs	Ngjyrat
Crayons	Lapsa
Créativité	Fantazia
Eau	Uji
Encre	Bojë
Gomme	Gomë
Huile	Vaj
Idées	Ide
Papier	Letër
Pastels	Pastele
Table	Tabela

Fruit
Fruta

Abricot	Kajsi
Ananas	Ananas
Avocat	Avokado
Banane	Banane
Cerise	Qershi
Citron	Limon
Figue	Fig
Framboise	Mjedër
Goyave	Guava
Kiwi	Kivi
Mangue	Mango
Melon	Pjepër
Nectarine	Nektarinë
Orange	Portokalli
Papaye	Papaja
Pêche	Pjeshkë
Poire	Dardhë
Pomme	Mollë
Prune	Kumbull
Raisin	Rrushit

Géographie
Gjeografia

Altitude	Lartësi
Atlas	Atlas
Carte	Hartë
Continent	Kontinent
Fleuve	Lumi
Hémisphère	Hemisfera
Île	Ishull
Latitude	Gjerësi
Mer	Det
Méridien	Meridian
Monde	Botë
Montagne	Mal
Nord	Veri
Océan	Oqean
Ouest	Perëndim
Pays	Vendi
Région	Rajon
Sud	Jug
Territoire	Territori
Ville	Qytet

Géologie
Gjeologjia

Acide	Acid
Calcium	Kalcium
Caverne	Shpellë
Continent	Kontinent
Corail	Koral
Couche	Shtresë
Cristaux	Kristale
Érosion	Erozioni
Fondu	Shkrirë
Fossile	Fosile
Geyser	Gejzer
Lave	Lava
Minéraux	Mineralet
Pierre	Gur
Plateau	Pllajë
Quartz	Kuarc
Sel	Kripë
Stalactite	Stalaktit
Volcan	Vullkan
Zone	Zonë

Géométrie
Gjeometria

Angle	Kënd
Calcul	Llogaritja
Cercle	Rreth
Courbe	Kurve
Diamètre	Diametri
Dimension	Dimensioni
Équation	Ekuacioni
Hauteur	Lartësia
Logique	Logjikë
Masse	Masa
Médian	Mesatare
Nombre	Numër
Parallèle	Paralel
Proportion	Pjesë
Segment	Segment
Surface	Sipërfaqe
Symétrie	Simetri
Théorie	Teori
Triangle	Trekëndësh
Vertical	Vertikale

Gouvernement
Qeverisë

Citoyenneté	Qytetari
Civil	Civile
Constitution	Kushtetuta
Démocratie	Demokraci
Discours	Të Folurit
Discussion	Diskutim
Droits	Të Drejtat
Égalité	Barazi
État	Shteti
Indépendance	Pavarësia
Judiciaire	Gjyqësor
Justice	Drejtësi
Liberté	Liri
Loi	Ligji
Monument	Monument
Nation	Kombi
National	Kombëtare
Paisible	Paqësore
Politique	Politika
Symbole	Simbol

Herboristerie
Herbalizëm

Ail	Hudhër
Aromatique	Aromatike
Bénéfique	I Dobishëm
Culinaire	Kulinari
Estragon	Dragua
Fenouil	Kopër
Fleur	Lule
Ingrédient	Përbërës
Jardin	Kopsht
Lavande	Livando
Marjolaine	Borzilok
Menthe	Nenexhik
Origan	Rigon
Persil	Majdanoz
Qualité	Cilësia
Romarin	Rozmarinë
Safran	Shafran
Saveur	Aromë
Thym	Trumzë
Vert	E Gjelbër

Ingénierie
Inxhinieri

Angle	Kënd
Axe	Aksi
Calcul	Llogaritja
Construction	Ndërtimi
Diagramme	Diagramë
Diamètre	Diametri
Diesel	Naftë
Distribution	Shpërndarje
Engrenages	Ingranazhet
Énergie	Energji
Force	Forcë
Liquide	Lëng
Machine	Makinë
Mesure	Matja
Moteur	Motor
Profondeur	Thellësi
Propulsion	Shtesje
Rotation	Rrotullimi
Stabilité	Stabiliteti
Structure	Struktura

Insectes
Insektet

Abeille	Bletë
Cafard	Kacabu
Cigale	Cicada
Coccinelle	Ladybug
Criquet	Karkaleci
Fourmi	Milingonë
Frelon	Brëzi
Guêpe	Grenzë
Larve	Larva
Libellule	Pilivesë
Mante	Mantis
Moucheron	Gnat
Moustique	Mushkonjë
Papillon	Flutur
Puce	Plesht
Puceron	Aphid
Sauterelle	Karkalec
Scarabée	Brumbulli
Termite	Termit
Ver	Krimbi

Instruments de Musique
Instrumentet Muzikore

Banjo	Banjo
Basson	Fageg
Clarinette	Klarinetë
Flûte	Flaut
Gong	Gong
Guitare	Kitarë
Harmonica	Harmonikë
Harpe	Harp
Hautbois	Oboe
Mandoline	Mandolinë
Marimba	Marimba
Percussion	Goditje
Piano	Piano
Saxophone	Saksofon
Tambour	Daulle
Tambourin	Dajre
Trombone	Trombon
Trompette	Trumbetë
Violon	Violinë
Violoncelle	Violonçel

Jardin
Kopshti

Arbre	Pemë
Banc	Stol
Buisson	Bush
Clôture	Gardh
Étang	Pellg
Fleur	Lule
Garage	Garazh
Hamac	Hamak
Herbe	Bari
Jardin	Kopsht
Pelle	Lopatë
Pelouse	Lëndinë
Porche	Verandë
Râteau	Grabujë
Sol	Tokës
Terrasse	Tarracë
Trampoline	Trampolinë
Tuyau	Çorape
Verger	Pemishte
Vigne	Hardhisë

Jardinage
Kopshtarisë

Botanique	Botanik
Bouquet	Buqetë
Climat	Klima
Comestible	Ngrënshëm
Compost	Plehrash
Eau	Uji
Espèce	Llojet
Exotique	Ekzotike
Feuillage	Gjeth
Feuille	Fletë
Fleur	Çel
Floral	Lules
Graines	Fara
Humidité	Lagështi
Récipient	Enë
Saisonnier	Sezonale
Saleté	Pisllëku
Sol	Tokës
Tuyau	Çorape
Verger	Pemishte

Jazz
Xhaz

Accent	Theksi
Album	Album
Artiste	Artist
Célèbre	I Famshëm
Chanson	Këngë
Compositeur	Kompozitor
Composition	Përbërja
Concert	Koncert
Genre	Zhanër
Improvisation	Improvizim
Musique	Muzika
Nouveau	I Ri
Orchestre	Orkestër
Rythme	Ritëm
Solo	Solo
Style	Stili
Talent	Talent
Tambours	Bateri
Technique	Teknikë
Vieux	I Vjetër

Jours et Mois
Ditët dhe Muajt

Août	Gusht
Avril	Prill
Calendrier	Kalendar
Dimanche	E Diel
Février	Shkurt
Janvier	Janar
Jeudi	E Enjte
Juillet	Korrik
Juin	Qershor
Lundi	E Hënë
Mardi	E Martë
Mars	Mars
Mercredi	E Mërkurë
Mois	Muaj
Novembre	Nëntor
Octobre	Tetor
Samedi	E Shtunë
Semaine	Java
Septembre	Shtator
Vendredi	E Premte

L'Entreprise
Kompania

Affaires	Biznes
Créatif	Krijues
Décision	Vendim
Emploi	Punësimi
Global	Globale
Industrie	Industria
Innovant	Inovative
Investissement	Investim
Possibilité	Mundësi
Présentation	Prezantim
Produit	Produkt
Professionnel	Profesional
Progrès	Progres
Qualité	Cilësia
Ressources	Burimet
Revenu	Të Ardhurat
Réputation	Reputacioni
Risques	Rreziqet
Tendances	Trendet
Unités	Njësitë

Les Abeilles
Bletët

Ailes	Krahë
Bénéfique	I Dobishëm
Cire	Dylli
Diversité	Diversiteti
Essaim	Muzi
Écosystème	Ekosistemi
Fleur	Çel
Fleurs	Lule
Fruit	Fruta
Fumée	Tym
Habitat	Habitat
Insecte	Insekt
Jardin	Kopsht
Miel	Mjaltë
Nourriture	Ushqim
Plantes	Bimët
Pollen	Polen
Reine	Mbretëresha
Ruche	Koshere
Soleil	Diell

Les Médias
Mediat

Attitudes	Qëndrimet
Commercial	Tregti
Communication	Komunikimi
En Ligne	Online
Édition	Botim
Éducation	Arsimi
Faits	Fakte
Images	Imazhet
Individuel	Individual
Industrie	Industria
Intellectuel	Intelektuale
Journaux	Gazetat
Local	Lokal
Numérique	Dixhital
Opinion	Opinion
Photos	Fotografitë
Public	Publik
Radio	Radio
Réseau	Rrjeti
Télévision	Televizion

Légumes
Perimet

Ail	Hudhër
Artichaut	Angjinarja
Aubergine	Patëllxhan
Brocoli	Brokoli
Carotte	Karrota
Céleri	Selino
Champignon	Kërpudha
Citrouille	Kungull
Concombre	Kastravec
Échalote	Shallot
Épinard	Spinaq
Gingembre	Xhenxhefil
Navet	Rrepë
Oignon	Qepë
Olive	Ulliri
Persil	Majdanoz
Pois	Bizele
Radis	Rrepkë
Salade	Sallatë
Tomate	Domate

Littérature
Letërsia

Analogie	Analogjia
Analyse	Analiza
Anecdote	Anekdotë
Auteur	Autor
Biographie	Biografia
Comparaison	Krahasim
Conclusion	Përfundim
Description	Përshkrim
Dialogue	Dialogu
Fiction	Trillim
Métaphore	Metafora
Narrateur	Narrator
Poème	Poemë
Poétique	Poetike
Rime	Rimë
Roman	Roman
Rythme	Ritëm
Style	Stili
Thème	Tema
Tragédie	Tragjedi

Livres
Librat

Auteur	Autor
Aventure	Aventurë
Collection	Mbledhja
Contexte	Kontekst
Dualité	Dualitet
Épique	Epikë
Histoire	Histori
Historique	Historike
Humoristique	Humor
Inventif	Krijues
Lecteur	Lexues
Littéraire	Letrare
Narrateur	Narrator
Page	Faqe
Pertinent	Relevante
Poème	Poemë
Poésie	Poezi
Roman	Roman
Série	Seri
Tragique	Tragjike

Maison
Shtëpia

Balai	Fshesë
Bibliothèque	Librari
Chambre	Dhomë
Cheminée	Oxhak
Clés	Çelësat
Clôture	Gardh
Cuisine	Kuzhina
Douche	Dush
Fenêtre	Dritare
Garage	Garazh
Grenier	Papafingo
Jardin	Kopsht
Lampe	Llambë
Miroir	Pasqyrë
Mur	Mur
Plafond	Tavan
Porte	Dera
Rideaux	Perde
Tapis	Qilim
Toit	Çati

Maladie
Sëmundje

Abdominal	Barku
Allergies	Alergji
Bien-Être	Mirëqenie
Chronique	Kronike
Contagieux	Ngjitëse
Corps	Trupi
Cœur	Zemra
Faible	I Dobët
Génétique	Gjenetik
Héréditaire	Trashëgimore
Immunité	Imuniteti
Inflammation	Pezmatim
Lombaire	Mesit
Neuropathie	Neuropatia
Os	Kockat
Pulmonaire	Pulmonar
Respiratoire	Respiratore
Santé	Shëndeti
Syndrome	Sindromi
Thérapie	Terapia

Mammifères
Gjitarët

Baleine	Balena
Chat	Mace
Cheval	Kalë
Chien	Qen
Coyote	Kojotë
Dauphin	Delfin
Éléphant	Elefanti
Girafe	Gjirafë
Gorille	Gorilla
Kangourou	Kangur
Lapin	Lepuri
Lion	Luani
Loup	Ujku
Mouton	Dele
Ours	Ariu
Renard	Foks
Singe	Majmun
Taureau	Dem
Tigre	Tigër
Zèbre	Zebër

Mathématiques
Matematikë

Angles	Këndet
Arithmétique	Aritmetikë
Carré	Sheshi
Circonférence	Rrethenca
Décimal	Dhjetore
Diamètre	Diametri
Exposant	Eksponent
Équation	Ekuacioni
Fraction	Thyesë
Géométrie	Gjeometria
Parallèle	Paralel
Parallélogramme	Paralelogram
Perpendiculaire	Pingul
Périmètre	Perimetër
Polygone	Poligoni
Rectangle	Drejtkëndësh
Somme	Shumë
Symétrie	Simetri
Triangle	Trekëndësh
Volume	Vëllimi

Mesures
Matjet

Centimètre	Centimetër
Degré	Gradë
Décimal	Dhjetore
Gramme	Gram
Hauteur	Lartësia
Kilogramme	Kilogram
Kilomètre	Kilometër
Largeur	Gjerësia
Litre	Litër
Longueur	Gjatësia
Masse	Masa
Mètre	Matës
Minute	Minutë
Octet	Bajt
Once	Ons
Poids	Pesha
Pouce	Inç
Profondeur	Thellësi
Tonne	Ton
Volume	Vëllimi

Méditation
Meditimi

Acceptation	Pranimi
Attention	Kujdes
Calme	Qetësi
Clarté	Qartësi
Compassion	Dhembshuri
Émotions	Emocionet
Éveillé	Zgjuar
Gentillesse	Mirësi
Gratitude	Mirënjohje
Habitudes	Zakonet
Mental	Mendore
Mouvement	Lëvizja
Musique	Muzika
Nature	Natyra
Observation	Vrojtim
Paix	Paqe
Perspective	Perspektivë
Posture	Postura
Respiration	Frymëmarrja
Silence	Heshtje

Mode
Modës

Boutique	Butik
Boutons	Butonat
Broderie	Qëndisje
Cher	Shkenjte
Confortable	Rehat
Dentelle	Dantella
Élégant	Elegante
Minimaliste	Minimalist
Moderne	Moderne
Modeste	Modest
Modèle	Model
Original	Origjinal
Pratique	Praktike
Simple	E Thjeshtë
Sophistiqué	I Sofistikuar
Style	Stili
Tendance	Prirje
Texture	Cilësi
Tissu	Pëlhurë
Vêtements	Veshje

Musique
Muzikë

Album	Album
Ballade	Baladë
Chanter	Këndoni
Chanteur	Këngëtarja
Classique	Klasike
Enregistrement	Regjistrimi
Harmonie	Harmoni
Harmonique	Harmonik
Instrument	Instrument
Lyrique	Lirike
Mélodie	Melodi
Microphone	Mikrofon
Musical	Muzikor
Musicien	Muzikant
Opéra	Opera
Poétique	Poetike
Rythme	Ritëm
Rythmique	Ritmike
Tempo	Tempo
Vocal	Vokal

Mythologie
Mitologji

Archétype	Arketipi
Catastrophe	Fatkeqësi
Comportement	Sjellje
Création	Krijim
Créature	Krijesa
Croyances	Besimet
Culture	Kultura
Éclair	Rrufe
Force	Forcë
Guerrier	Luftëtari
Héros	Hero
Immortalité	Pavdekësia
Jalousie	Xhelozia
Labyrinthe	Labirint
Légende	Legjenda
Magique	Magjike
Monstre	Përbindësh
Mortel	Vdekshëm
Tonnerre	Bubullima
Vengeance	Hakmarrje

Nature
Natyra

Abeilles	Bletët
Abri	Strehë
Animaux	Kafshët
Arctique	Arktik
Beauté	Bukuri
Brouillard	Mjegull
Désert	Shkretëtirë
Dynamique	Dinamike
Érosion	Erozioni
Feuillage	Gjeth
Fleuve	Lumi
Forêt	Pyll
Glacier	Akullnajë
Nuage	Retë
Paisible	Paqësore
Sanctuaire	Shenjtërorja
Sauvage	I Egër
Serein	Qetë
Tropical	Tropikal
Vital	Jetësore

Nourriture #1
Ushqimi Numër 1

Ail	Hudhër
Basilic	Borzilok
Café	Kafe
Cannelle	Kanellë
Carotte	Karrota
Citron	Limon
Épinard	Spinaq
Fraise	Luleshtrydhe
Jus	Lëng
Lait	Qumësht
Navet	Rrepë
Oignon	Qepë
Orge	Elb
Poire	Dardhë
Salade	Sallatë
Sel	Kripë
Soupe	Supë
Sucre	Sheqer
Thon	Tuna
Viande	Mish

Nourriture #2
Ushqimi Numër 2

Amande	Bajame
Aubergine	Patëllxhan
Banane	Banane
Blé	Gruri
Brocoli	Brokoli
Cerise	Qershi
Céleri	Selino
Champignon	Kërpudha
Chocolat	Çokollatë
Jambon	Proshutë
Kiwi	Kivi
Mangue	Mango
Oeuf	Vezë
Pain	Bukë
Poisson	Peshk
Pomme	Mollë
Poulet	Pulë
Raisin	Rrushit
Riz	Oriz
Tomate	Domate

Nutrition
Të Ushqyerit

Amer	E Hidhur
Appétit	Oreksi
Calories	Kaloritë
Comestible	Ngrënshëm
Diète	Dietë
Digestion	Tretje
Épices	Erëza
Équilibré	Balancuar
Fermentation	Fermentimi
Glucides	Karbohidratet
Liquides	Lëngjet
Poids	Pesha
Protéines	Proteinat
Qualité	Cilësia
Sain	I Shëndetshëm
Santé	Shëndeti
Sauce	Salcë
Saveur	Aromë
Toxine	Toksinë
Vitamine	Vitamina

Océan
Oqeani

Anguille	Ngjala
Baleine	Balena
Bateau	Varkë
Corail	Koral
Crabe	Gaforrja
Crevette	Karkaleca
Dauphin	Delfin
Éponge	Sfungjer
Huître	Gocë Deti
Marées	Baticat
Méduse	Kandil Deti
Poisson	Peshk
Poulpe	Oktapod
Requin	Peshkaqen
Récif	Gumë
Sel	Kripë
Tempête	Stuhi
Thon	Tuna
Tortue	Breshkë
Vagues	Valët

Oiseaux
Zogjtë

Aigle	Shqiponja
Autruche	Struci
Canard	Rosa
Cigogne	Lejlek
Colombe	Pëllumb
Corbeau	Korb
Coucou	Qyqe
Cygne	Mjellmë
Flamant	Flamingo
Héron	Heron
Manchot	Pinguin
Moineau	Harabeli
Mouette	Pulëbardhë
Oeuf	Vezë
Oie	Patë
Paon	Pallua
Perroquet	Papagall
Pélican	Pelikan
Poulet	Pulë
Toucan	Toucan

Pays #1
Vendet Numër 1

Afghanistan	Afganistani
Allemagne	Gjermani
Argentine	Argjentina
Brésil	Brazil
Canada	Kanada
Espagne	Spanjë
Équateur	Ekuador
Finlande	Finlanda
Inde	Indi
Israël	Izraelit
Libye	Libi
Mali	Mali
Maroc	Marok
Nicaragua	Nikaragua
Norvège	Norvegji
Panama	Panama
Philippines	Filipine
Pologne	Poloni
Roumanie	Rumani
Venezuela	Venezuelë

Pays #2
Vendet #2

Albanie	Shqipëria
Chine	Kinë
Danemark	Danimarkë
France	Francë
Haïti	Haiti
Indonésie	Indonezi
Irlande	Irlanda
Jamaïque	Xhamajka
Japon	Japoni
Kenya	Kenia
Laos	Laos
Liban	Libani
Mexique	Meksikë
Ouganda	Ugandë
Pakistan	Pakistan
Russie	Rusi
Somalie	Somali
Soudan	Sudan
Syrie	Siri
Ukraine	Ukrainë

Paysages
Peizazhet

Cascade	Ujëvarë
Colline	Kodër
Désert	Shkretëtirë
Estuaire	Grykëderdhja
Fleuve	Lumi
Geyser	Gejzer
Glacier	Akullnajë
Grotte	Shpellë
Iceberg	Ajsberg
Île	Ishull
Lac	Liqeni
Marais	Moçal
Mer	Det
Montagne	Mal
Oasis	Oazë
Péninsule	Gadishull
Plage	Plazh
Toundra	Tundër
Vallée	Luginë
Volcan	Vullkan

Philanthropie
Filantropisë

Besoin	Nevoja
Buts	Gola
Charité	Bamirësi
Communauté	Komuniteti
Contacts	Kontaktet
Défis	Sfidat
Enfants	Fëmijë
Finance	Financa
Fonds	Fondet
Gens	Njerëzit
Générosité	Bujari
Global	Globale
Groupes	Grupet
Histoire	Histori
Honnêteté	Ndershmëria
Humanité	Njerëzimi
Jeunesse	Rinia
Mission	Misioni
Programmes	Programet
Public	Publik

Photographie
Fotografi

Adoucir	Zbute
Cadre	Korniza
Caméra	Kamera
Composition	Përbërja
Contraste	Kontrast
Couleur	Ngjyrë
Définition	Përkufizim
Exposition	Ekspozita
Éclairage	Ndriçimi
Format	Format
Noir	E Zezë
Objet	Objekt
Obscurité	Errësirë
Ombre	Hijet
Perspective	Perspektivë
Portrait	Portret
Sujet	Subjekt
Texture	Cilësi
Visuel	Vizuale
Vue	Pamje

Physique
Fizikë

Accélération	Përshpejtimi
Atome	Atom
Chaos	Kaos
Chimique	Kimike
Densité	Dendësia
Électron	Elektron
Formule	Formulë
Fréquence	Frekuenca
Gaz	Gaz
Gravité	Graviteti
Magnétisme	Magnetizmi
Masse	Masa
Mécanique	Mekanika
Molécule	Molekula
Moteur	Motor
Nucléaire	Bërthamore
Particule	Grimcë
Relativité	Relativiteti
Universel	Universale
Vitesse	Shpejtësi

Plantes
Bimët

Arbre	Pemë
Bambou	Bambu
Botanique	Botanikë
Buisson	Bush
Cactus	Kaktus
Engrais	Pleh
Feuillage	Gjeth
Fleur	Lule
Flore	Flora
Forêt	Pyll
Grandir	Rritu
Haricot	Fasule
Herbe	Bari
Jardin	Kopsht
Lierre	Ivy
Mousse	Myshk
Pétale	Petal
Racine	Rrënjë
Tige	Rrjedhin
Végétation	Bimësia

Professions #1
Profesionet Numër 1

Ambassadeur	Ambasador
Astronome	Astronom
Avocat	Avokat
Banquier	Bankier
Bijoutier	Gjuhari
Cartographe	Hartograf
Chasseur	Gjuetar
Danseur	Balerin
Entraîneur	Trajner
Éditeur	Redaktor
Géologue	Gjeolog
Infirmière	Infermiere
Médecin	Doktor
Musicien	Muzikant
Pianiste	Pianist
Plombier	Hidraulik
Pompier	Zjarrfikës
Psychologue	Psikolog
Scientifique	Shkencëtar
Vétérinaire	Veteriner

Professions #2
Profesionet Numër 2

Astronaute	Astronaut
Bibliothécaire	Bibliotekar
Biologiste	Biolog
Chercheur	Studiues
Chirurgien	Kirurg
Dentiste	Dentisti
Détective	Detetivi
Enseignant	Mësues
Illustrateur	Ilustrues
Ingénieur	Inxhinier
Inventeur	Shpikësi
Jardinier	Kopshtar
Journaliste	Gazetar
Linguiste	Gjuhëtar
Médecin	Mjek
Peintre	Piktor
Philosophe	Filozof
Photographe	Fotograf
Pilote	Pilot
Zoologiste	Zoolog

Psychologie
Psikologjia

Clinique	Klinike
Comportement	Sjellje
Conflit	Konflikt
Ego	Ego
Enfance	Fëmijëria
Expériences	Përvojat
Émotions	Emocionet
Évaluation	Vlerësimi
Idées	Ide
Inconscient	Pavetëdije
Pensées	Mendime
Perception	Perceptimi
Personnalité	Personalitet
Problème	Problem
Rendez-Vous	Emërimi
Réalité	Realitet
Rêves	Ëndrrat
Sensation	Ndjesi
Subconscient	Nënvetëdija
Thérapie	Terapia

Randonnée
Ecje

Animaux	Kafshët
Bottes	Çizme
Camping	Kamping
Carte	Hartë
Climat	Klima
Eau	Uji
Falaise	Shkëmb
Fatigué	Të Lodhur
Guides	Udhëzues
Lourd	E Rëndë
Météo	Moti
Montagne	Mal
Nature	Natyra
Orientation	Orientim
Parcs	Parqet
Pierres	Gurë
Préparation	Përgatitja
Sauvage	I Egër
Soleil	Diell
Sommet	Samiti

Remplir
Për të Mbushur

Baril	Fuçi
Bassin	Legen
Boîte	Kuti
Bouteille	Shishe
Caisse	Arkë
Carton	Kartoni
Dossier	Dosje
Enveloppe	Zarf
Navire	Anije
Panier	Shportë
Paquet	Pako
Plateau	Tabaka
Poche	Xhep
Pot	Jar
Sac	Çantë
Seau	Kovë
Tiroir	Sirtar
Tube	Gyp
Valise	Valixhe
Vase	Vazo

Restaurant #2
Restoranti Numër 2

Boisson	Pije
Chaise	Karrige
Cuillère	Lugë
Déjeuner	Drekë
Délicieux	E Shijshme
Dîner	Darka
Eau	Uji
Épices	Erëza
Fourchette	Pirun
Fruit	Fruta
Gâteau	Tortë
Glace	Akull
Légumes	Perimet
Nouilles	Petë
Oeuf	Vezë
Poisson	Peshk
Salade	Sallatë
Sel	Kripë
Serveur	Kamarier
Soupe	Supë

Réchauffement Climatique
Ngrohja Globale

Arctique	Arktik
Attention	Kujdes
Climat	Klima
Crise	Kriza
Développement	Zhvillimi
Données	Të Dhëna
Environnemental	Mjedisore
Énergie	Energji
Futur	E Ardhmja
Gaz	Gaz
Générations	Brezat
Gouvernement	Qeverisë
Habitats	Habitatet
Industrie	Industria
International	Ndërkombëtare
Législation	Legjislacioni
Maintenant	Tani
Populations	Popullatat
Scientifique	Shkencëtar
Températures	Temperaturat

Santé et Bien-Être #1
Shëndeti dhe Mirëqenia #1

Actif	Aktiv
Bactéries	Bakteret
Blessure	Lëndim
Clinique	Klinika
Faim	Uria
Fracture	Frakturë
Habitude	Zakon
Hauteur	Lartësia
Hormone	Hormonet
Médecin	Doktor
Médicament	Mjekësi
Muscles	Muskujt
Os	Kockat
Peau	Lëkurës
Pharmacie	Farmaci
Posture	Postura
Réflexe	Refleks
Thérapie	Terapia
Traitement	Trajtimi
Virus	Virusi

Santé et Bien-Être #2
Shëndeti dhe Mirëqenia #2

Allergie	Alergjia
Anatomie	Anatomia
Appétit	Oreksi
Calorie	Kalori
Corps	Trupi
Déshydratation	Dehidratim
Énergie	Energji
Génétique	Gjenetika
Hôpital	Spital
Hygiène	Higjiena
Infection	Infeksioni
Maladie	Sëmundje
Massage	Masazh
Nutrition	Të Ushqyerit
Poids	Pesha
Récupération	Shërim
Sain	I Shëndetshëm
Sang	Gjak
Stress	Stresi
Vitamine	Vitamina

Science
Shkenca

Atome	Atom
Chimique	Kimike
Climat	Klima
Données	Të Dhëna
Expérience	Eksperiment
Évolution	Evolucioni
Fait	Fakt
Fossile	Fosile
Gravité	Graviteti
Hypothèse	Hipoteza
Laboratoire	Laborator
Méthode	Metoda
Minéraux	Mineralet
Molécules	Molekulat
Nature	Natyra
Observation	Vrojtim
Organisme	Organizëm
Particules	Grimcat
Physique	Fizika
Scientifique	Shkencëtar

Science-Fiction
Fiction Shkencor

Atomique	Atomike
Cinéma	Kinema
Explosion	Shpërthim
Extrême	Ekstrem
Fantastique	Fantastik
Feu	Zjarr
Futuriste	Futurist
Galaxie	Galaktikë
Illusion	Iluzion
Imaginaire	Imagjinare
Livres	Libra
Monde	Botë
Mystérieux	Misterioze
Oracle	Orakulli
Planète	Planet
Réaliste	Realiste
Robots	Robotët
Scénario	Skenari
Technologie	Teknologji
Utopie	Utopi

Sport
Sport

Athlète	Atlet
Capacité	Aftësi
Corps	Trupi
Cyclisme	Çiklizëm
Danse	Vallëzimi
Diète	Dietë
Endurance	Qëndrueshmëri
Entraîneur	Trajner
Étirement	Shtrihen
Force	Forcë
Jogging	Vrapim
Maximiser	Maximizo
Métabolique	Metabolike
Muscles	Muskujt
Nutrition	Të Ushqyerit
Objectif	Qëllimi
Os	Kockat
Programme	Programi
Santé	Shëndeti
Sports	Sportet

Technologie
Teknologjia

Affichage	Shfaq
Blog	Blog
Caméra	Kamera
Curseur	Kursor
Données	Të Dhëna
Écran	Ekran
Fichier	Dosje
Internet	Interneti
Logiciel	Softuer
Message	Mesazh
Navigateur	Shfletuesi
Numérique	Dixhital
Octets	Bytes
Ordinateur	Kompjuter
Police	Font
Recherche	Kërkime
Sécurité	Siguria
Statistiques	Statistika
Virtuel	Virtual
Virus	Virusi

Temps
Koha

Année	Viti
Annuel	Vjetor
Après	Pas
Aujourd'Hui	Sot
Avant	Para
Bientôt	Së Shpejti
Calendrier	Kalendar
Décennie	Dekade
Futur	E Ardhmja
Heure	Orë
Hier	Dje
Jour	Dita
Maintenant	Tani
Matin	Mëngjes
Midi	Mesditë
Minute	Minutë
Mois	Muaj
Nuit	Natë
Semaine	Java
Siècle	Shekulli

Types de Cheveux
Llojet e Flokeve

Argent	Argjendi
Blanc	E Bardhë
Blond	Bjond
Boucles	Curls
Brillant	Shkëlqim
Chauve	Tullac
Coloré	Me Ngjyrë
Court	I Shkurtër
Doux	Butë
Épais	E Trashë
Frisé	Kaçurrel
Gris	Gry
Long	Gjatë
Marron	Kafe
Mince	I Hollë
Noir	E Zezë
Ondulé	Me Onde
Sain	I Shëndetshëm
Sec	Thatë
Tressé	Endur

Univers
Gjithësi

Astéroïde	Asteroidi
Astronome	Astronom
Astronomie	Astronomi
Atmosphère	Atmosferë
Ciel	Qiell
Cosmique	Kozmike
Équateur	Ekuator
Galaxie	Galaktikë
Hémisphère	Hemisfera
Horizon	Horizont
Latitude	Gjerësi
Longitude	Gjatësia
Lune	Hëna
Obscurité	Errësirë
Orbite	Orbita
Solaire	Diellore
Solstice	Solstic
Télescope	Teleskop
Visible	E Dukshme
Zodiaque	Zodiakut

Vacances #2
Pushimet Numër 2

Aéroport	Aeroport
Camping	Kamping
Carte	Hartë
Destination	Destinacioni
Étranger	I Huaj
Hôtel	Hotel
Île	Ishull
Loisir	Koha e Lirë
Mer	Det
Passeport	Pasaportë
Photos	Fotografitë
Plage	Plazh
Restaurant	Restorant
Réservations	Rezervimet
Taxi	Taksi
Tente	Çadër
Train	Tren
Transport	Transporti
Visa	Viza
Voyage	Udhëtim

Véhicules
Automjetet

Ambulance	Ambulanca
Avion	Aeroplan
Bateau	Varkë
Bus	Autobus
Camion	Kamion
Caravane	Karvan
Ferry	Traget
Fusée	Raketë
Hélicoptère	Helikopter
Métro	Metro
Moteur	Motor
Navette	Anije
Pneus	Goma
Radeau	Raft
Scooter	Skuter
Sous-Marin	Nëndetëse
Taxi	Taksi
Tracteur	Traktor
Vélo	Biçikletë
Voiture	Makina

Vêtements
Rrobat

Bracelet	Byzylyk
Ceinture	Rrip
Chapeau	Kapelë
Chaussure	Mbath
Chemise	Këmishë
Chemisier	Bluzë
Collier	Gjerdan
Foulard	Shall
Gants	Doreza
Jeans	Xhins
Jupe	Skaj
Manteau	Pallto
Mode	Moda
Pantalon	Pantallona
Pull	Triko
Pyjama	Pizhama
Robe	Veshje
Sandales	Sandale
Tablier	Platformë
Veste	Xhaketë

Ville
Qyteti

Aéroport	Aeroport
Banque	Bankë
Boulangerie	Furke
Café	Kafe
Cinéma	Kinema
Clinique	Klinika
École	Shkolla
Fleuriste	Luleshitës
Galerie	Galeri
Hôtel	Hotel
Librairie	Librari
Marché	Tregu
Musée	Muze
Pharmacie	Farmaci
Restaurant	Restorant
Salon	Sallon
Stade	Stadiumi
Supermarché	Supermarket
Théâtre	Teatri
Université	Universiteti

Félicitations

Vous avez réussi !

Nous espérons que vous avez apprécié ce livre autant que nous avons pris plaisir à le concevoir. Nous faisons de notre mieux pour créer des livres de la meilleure qualité possible.
Cette édition est conçue pour permettre un apprentissage intelligent et de qualité en se divertissant !

Vous avez aimé ce livre ?

Une Simple Demande

Nos livres existent grâce aux avis que vous publiez. Pourriez-vous nous aider en laissant un avis maintenant ?

Voici un lien rapide qui vous mènera à votre page d'évaluation de vos commandes :

BestBooksActivity.com/Avis50

CHALLENGE FINAL !

Défi n°1

Êtes-vous prêt pour votre jeu bonus ? Nous les utilisons tout le temps mais ils ne sont pas si faciles à trouver. Voici les **Synonymes** !

Notez 5 mots que vous avez trouvés dans les puzzles notés ci-dessous (n°21, n°36, n°76) et essayez de trouver 2 synonymes pour chaque mot.

Notez 5 Mots du ***Puzzle 21***

Mots	Synonyme 1	Synonyme 2

Notez 5 Mots du ***Puzzle 36***

Mots	Synonyme 1	Synonyme 2

Notez 5 Mots du ***Puzzle 76***

Mots	Synonyme 1	Synonyme 2

Défi n°2

Maintenant que vous vous êtes échauffé, notez 5 mots que vous avez découverts dans les Puzzles n° 9, n° 17, n° 25 et essayez de trouver 2 antonymes pour chaque mot. Combien pouvez-vous en trouver en 20 minutes ?

*Notez 5 Mots du **Puzzle 9***

Mots	Antonyme 1	Antonyme 2

*Notez 5 Mots du **Puzzle 17***

Mots	Antonyme 1	Antonyme 2

*Notez 5 Mots du **Puzzle 25***

Mots	Antonyme 1	Antonyme 2

Défi n°3

Formidable ! Ce défi final  n'est rien pour vous.

Prêt pour le dernier défi ? Choisissez 10 mots que vous avez découverts parmi les différents puzzles et notez-les ci-dessous.

1.	6.
2.	7.
3.	8.
4.	9.
5.	10.

Maintenant, composez un texte en pensant à une personne, un animal ou un lieu que vous aimez !

Astuce: Vous pouvez utiliser la dernière page de ce livre comme brouillon !

Votre Composition :

CARNET DE NOTES :

À TRÈS BIENTÔT !

Toute l'équipe

www.ingramcontent.com/pod-product-compliance
Lightning Source LLC
Chambersburg PA
CBHW082158120626
46553CB00010B/2931
* 9 7 9 8 8 9 6 7 0 5 4 7 5 *